Meine Schönsten

Gute-Nacht-Geschichten

zum Vorlesen

Geschichten von Julia Breitenöder
Illustrationen von Marion Elitez

CARLSEN

Fips ist wach

Fips Fledermaus reibt sich die Augen. Wer ist da so laut? Hat er etwa verschlafen? Er blinzelt. Es sind seine großen Brüder Flo und Flaps, die anscheinend etwas wahnsinnig Wichtiges erzählen. Fips lässt seinen Schlafstein an der Höhlendecke los, dreht einen Salto und landet auf dem Boden. Mama lauscht dem Bericht seiner Brüder. Auch Papa hört voll konzentriert zu. Was reden die beiden bloß? Fips hüpft näher.

Sonne, Farben, bunte Blumen? Worum geht es da?

»Wir haben soooo viele Abenteuer erlebt!«, ruft Flo. »Das könnt ihr euch nicht vorstellen.«

Flaps nickt. »Genau! Wir sind flederfertig nach den ganzen Anstrengungen! Wir müssen jetzt erst mal schlafen.« Er gähnt.

Schlafen? Es wird doch gerade dunkel. Jede normale Fledermaus ist nachts wach. Die beiden brauchen wohl eine Extrawurst.

»Ihr müsst doch in die Schule«, sagt Fips.

Flaps verdreht die Augen. »Pah, Babykram.«

Und Flo schnaubt: »Du hast keine Ahnung von Tageslichtausflügen! Da lernt man viel mehr als in der Schule.«

Mama mischt sich ein: »Wer sich heimlich aus der Höhle schleichen und den Tag zur Nacht machen kann, der kann auch noch zur Schule gehen.« Sie guckt streng.

Flaps gähnt ununterbrochen und sieht furchtbar müde aus. »Bitte, Mama! Nur heute!«, bettelt er.

Mama seufzt. »Ausnahmsweise. Wenn ihr euch noch mal einen Tag draußen rumtreibt, bleibt ihr wach!«

»Wie ist die Welt, wenn es hell ist?«, fragt Fips.

Seine Brüder gucken sich an. »Ach … so wie immer. Nur … bunt«, murmelt Flo schließlich.

»Bunt? Wie sieht bunt aus?«, will Fips wissen.

Flaps hebt die Flügel. »Wie soll bunt schon aussehen? Bunt natürlich! Und jetzt lass uns in Ruhe.«

Fips fliegt zum Abendbrot, poliert danach seine Zähne und macht sich auf den Weg in die Schule. Am Himmel blinken die ersten Sterne, alles ist dunkel und still.

Fips muss immer an das Wort denken: bunt. Wie sieht bunt aus? Wie fühlt es sich an? Ob es nach etwas schmeckt? Aus der Schule kennt

Fips Bilder von der Welt am Tag. Aber in echt sieht alles bestimmt ganz anders aus.

Er will auch einen Tag wach bleiben und sich das Bunte mit eigenen Augen ansehen.

Fips kann es kaum erwarten, dass die letzte Schulstunde endet. Auch bei den Kunstflugübungen nach Mitternacht ist er nicht recht bei der Sache. Endlich gibt es Frühstück.

»Guten Tag, schlaf gut«, sagt Mama, als sie Fips an den Schlafstein hängt.

Fips wartet, bis alle sich in ihre Flügel gerollt und die Augen geschlossen haben. Als Opas Schnarchen durch die Höhle tönt, flattert er los.

Draußen ist es hell. Sehr hell! Aua! Fips' Augen tun furchtbar weh, er kneift sie fest zu. So sieht er nicht mehr, wo er hinfliegt. Bonk!

Schon ist er irgendwo gegen geknallt und plumpst zu Boden.

»Da ist ein schwarzes Blatt vom Baum gefallen!«, hört er eine Stimme.

»Seltsam, es ist doch noch gar nicht Herbst«, antwortet jemand.

Fips blinzelt. Jetzt tun seine Augen nicht mehr so weh, aber die Helligkeit blendet. Vor ihm stehen ein Ding mit Flügeln, auf denen viele Farben schillern, und ein grüner Wurm.

»Das ist gar kein Blatt, sondern eine Fledermaus«, sagt das Flügeltier. »Was machst du hier? Du musst doch schlafen.«

»Ja. Äh, nein, heute nicht«, stottert Fips. Dann erzählt er, dass er noch wach ist, um etwas Buntes zu sehen.

»Gehörst du zu den beiden, die gestern hier im Baum geschlafen haben?«, fragt das Flügeltier. Meint es etwa Flaps und Flo?

»Du möchtest etwas Buntes sehen? Dann bist du hier genau richtig«, sagt der Wurm und zeigt auf das andere Wesen. »Etwas Bunteres als diesen Schmetterling gibt es nicht.«

Das also ist ein Schmetterling! Davon hat Fips schon gehört. Und seine Flügel sind bunt? Fips betrachtet die Farben, bis er das Gefühl hat, sie tanzen vor seinen Augen.

»Bunt ist schön!«, sagt er.

Stolz dreht der Schmetterling sich im Kreis. »Wollen wir Verstecken spielen?«, fragt er dann und fliegt los.

Fips flattert hinterher. Der Wurm bleibt am Boden. »Spielst du nicht mit?«, fragt Fips.

»Nein. Raupen können nicht fliegen«, sagt der Wurm, der eine Raupe ist.

Zwischen den bunten Blumen muss Fips lange nach seinem neuen Freund suchen.

Als er sich dann hinter einer roten Blüte versteckt, findet der Schmetterling ihn sofort. »Du bist nicht bunt genug«, sagt er.

»Das können wir ändern!«, ruft die Raupe vom Boden.

Wie denn das?

Als Fips landet, hat die Raupe schon fünf Freunde zusammengerufen, jeder hat Farbtopf und Pinsel dabei. »Wir sind Malerraupen«, erklären sie und machen sich an die Arbeit.

Es dauert nicht lange, bis Fips von Kopf bis Fuß in Rot, Blau, Gelb, Grün, Lila und Orange angepinselt ist.

In einer Pfütze bewundert er sein Spiegelbild. »Ich bin … bunt!«, ruft er. Das fühlt sich richtig gut an.

Sie spielen Verstecken, bis es dunkel wird.

»Ich muss ins Bett«, verabschiedet sich der Schmetterling.

»Und ich in die Schule«, sagt Fips.

Als er in die Höhle flattert, steht seine Familie gerade auf.

»Wo warst du?«, fragt Mama.

»Wie siehst du denn aus?«, ruft Flaps.

»Ich habe einen Ausflug gemacht«, sagt Fips. »Und ich habe nicht einfach nur draußen ein Nickerchen gemacht, so wie ihr! Ich habe sogar neue Freunde gefunden! Und wie bunt aussieht, weiß ich jetzt auch!«

Das kleine Wölkchen

Das kleine Schaf Wölkchen springt über die Wolkenweide. Heute werden wieder Schlafschafe ausgesucht, die über das Traumgatter springen und sich zählen lassen, damit den Menschen irgendwann die Augen zufallen. Wölkchen ist schrecklich aufgeregt. Bisher ist es ihm nie gelungen, bei der Auswahl der Gatterspringer dabei zu sein, aber heute soll es klappen.

Wölkchen nimmt Anlauf und saust über die Wolkenweide, es hüpft über den Bach und die Hecke, hin und her, hin und her.

Dann springt es im vollen Lauf über ein paar Schafe, die im Weg stehen. Hui! Was für ein Spaß!

Wölkchen spielt am Bach, als die ältesten Schlafschafe die Wiese betreten. Sie wählen die Schafe aus, die heute über das Gatter springen dürfen. Da ist Millionen-Marvin, der mehr als eine Million Mal über das Traumgatter gesprungen ist. Und Lisa Leichtfuß, die unglaublich hoch springen kann, ohne sich groß anzustrengen.

Alle Schafe drängen zum Tor. Natürlich möchte jeder über das Traumgatter springen. Alle blöken durcheinander.

»Marvin, nimm mich mit!«

»Ich kann am besten springen!«

»Bitte, bitte, wählt mich aus!«

Wölkchen schlängelt sich zwischen den anderen Schafen hindurch, bis es ganz vorne steht. Dann zupft es Marvin an der Wolle. »Darf ich heute zum ersten Mal springen?«

»Bist du nicht noch ein bisschen zu klein?«, fragt Millionen-Marvin.

»Ich bin überhaupt nicht zu klein«, blökt Wölkchen. »Und ich kann ganz toll springen. Guck!«

Es rennt los, quer über die Wolkenwiese. Dabei überspringt es alles, was ihm im Weg steht. Futternäpfe, den Bach, eine alte Badewanne, mehrere Schafe und zum Schluss auch den Zaun.

Marvin starrt Wölkchen verdutzt an. »Du bist ja ein Naturtalent. Komm mit, heute springst du zum ersten Mal über das Gatter!«

Das kleine Schaf kann sein Glück kaum fassen. Gemeinsam mit den anderen Schlafschafen, die Marvin und Lisa für heute ausgesucht haben, läuft es zur Traumgatter-Wiese. Marvin zeigt ihm, wo es sich anstellen soll.

Wölkchen reiht sich bei den Schafen ein, die Kindern helfen, sich in den Schlaf zu zählen, und bekommt die Startnummer 93.

Die Nummer 1 in dieser Reihe ist Millionen-Marvin. Er erklärt den Neuen, was sie zu tun haben: »Wartet, bis die Kinder eure Zahl sagen, dann lauft los und springt über das Gatter. Wenn ein Kind schläft, bevor es eure Nummer erreicht hat, stellt ihr euch für die nächste Runde wieder auf.«

Das klingt nicht schwer.

Da ertönt eine Kinderstimme: »Eins!«

Marvin läuft los, hält aufs Gatter zu und setzt elegant darüber.

»Zwei, drei, vier ...«, zählt das Kind. Ein Schaf nach dem anderen springt ab. Wölkchen ist aufgeregt. Das Kind hört sich ziemlich wach an, bestimmt zählt es bis hundert!

Aber bei »Dreißig!« ertönt lautes Gähnen, die Vierzig wird nur noch gemurmelt, dann ist Schluss. Stille.

Ach, menno! Wölkchen schnaubt enttäuscht. Schon fängt das nächste Kind an zu zählen – und schläft ein, lange bevor es die Dreiundneunzig erreicht.

»So kann ich ja nie beweisen, dass ich groß genug bin, um ein Schlafschaf zu sein!«, jammert Wölkchen.

»Geduld«, sagt Marvin und rupft gemächlich ein Büschel Gras. »Geduld ist die wichtigste Eigenschaft der Schlafschafe.«

Wölkchen würde aber viel lieber laufen und hüpfen, als geduldig zu warten.

Das nächste Kind beginnt zu zählen. Es klingt sehr, sehr müde. »Eiiiiiinnnnns ...« Marvin weiß nicht recht, ob er laufen soll oder nicht. Als er merkt, dass das Kind diese Zahl komplett ausspricht, rennt er los, aber er kommt zu nah an das Gatter und schlägt mit dem Bein dagegen.

»Zwww...wwwweiii«, zählt das Kind weiter. Auch Schaf Nummer zwei springt mehr schlecht als recht.

Mit langen Pausen und viel Gähnen quält sich das Kind bis zur Dreizehn. Dann kommt nichts mehr.

Wölkchen ist verzweifelt. Bestimmt kommt es heute gar nicht mehr dran!

Jetzt zählt ein Kind sehr flott los. Die Schlafschafe laufen dicht hintereinander zum Gatter und springen hopp, hopp, hopp darüber. Das Kind ist bei fünfzig. Sechzig. Siebzig! Wölkchens Herz klopft schneller. Gleich, gleich ...

Achtzig! Neunzig! Wölkchen scharrt mit den Hufen. Einundneunzig. Zweiundneunzig.

Dreiundneunzig.

Wölkchen saust los. Das Gatter vor ihm wird immer größer. Jetzt!

Mit aller Kraft stößt Wölkchen sich vom Boden ab. Es fliegt weit über das Gatter, viel höher als jedes andere Schaf.

Staunend sehen die Schlafschafe zu. Als Wölkchen sicher gelandet ist, fängt Marvin an zu jubeln. Ein Schaf nach dem anderen fällt ein.

»Das war der beste erste Schlafschaf-Sprung, den ich je gesehen habe«, sagt Marvin. »Von mir aus kannst du jetzt jeden Abend mitkommen.«

Glücklich läuft Wölkchen an seinen Platz zurück. Schlafschaf zu sein ist noch viel schöner, als es sich das vorgestellt hat.

Einschlafen will gelernt sein

Während über der großen Blumenwiese das Abendrot zur Dämmerung wird, sitzt der kleine Zauberer Marius auf der Bank vor seinem Haus im alten Baumstumpf und seufzt. Er greift nach dem Zauberbuch und blättert darin. Dabei murmelt er: »Das funktioniert nicht … das habe ich schon probiert, das auch … vielleicht das hier?«

Er rückt seine Brille zurecht und liest den Zauberspruch: »Abends, nachts und jederzeit sollen alle müde sein. Kopf aufs Kissen, sei bereit, Augen zu und jetzt schlaf ein!«

Marius wartet, dann schüttelt er den Kopf. »Klappt nicht!«

Neben ihm schließen die Sonnenblumen ihre Blütenblätter und lassen die Köpfe sinken. Wenig später hört Marius sie leise schnarchen.

Er steht auf und trägt das Buch in seine Wohnung. Dort legt er es auf den Tisch und geht zum Herd, auf dem ein Topf mit Milch köchelt. Marius gießt sich eine Tasse ein, rührt etwas Honig dazu und setzt sich auf sein Bett. Schluck für Schluck trinkt er die Milch. Dieses Rezept gegen Schlaflosigkeit hat er von der Eule. Schlafen kann er nach dem Trank zwar nicht, aber er schmeckt himmlisch!

Als es ganz dunkel ist und nur noch das Licht der Glühwürmchen vor dem Fenster leuchtet, beginnt Marius wie jeden Abend seinen Nachtspaziergang. Und wie jeden Abend hofft er, dass er jemanden trifft, der ihm beim Einschlafen helfen kann. Denn egal wie müde er auch ist, er findet keinen Schlaf. Seit über einer Woche läuft er jede Nacht auf der Wiese herum.

Seine Wanderung führt ihn zuerst bei Familie Igel vorbei. Die futtern gerade ihr Abendobst. Marius winkt und geht weiter. Dort vorne in der Eibe hat Familie Meise ihr Nest gebaut. Auf Zehenspitzen schleicht Marius unter dem Ast hindurch. Hier schweben keine Glühwürmchen, es ist stockdunkel.

»Autsch!« Marius stolpert über eine Wurzel und taumelt ins Glockenblumenbeet. Die Blüten bimmeln leise. Oben im Nest regt sich etwas.

Mama Meise zwitschert: »Marius? Bist du das wieder?«

»Mhmmm«, nickt Marius. »Tut mir leid, ich wollte euch nicht wecken. Ich kann nur nicht schlafen.«

Die Meise überlegt einen Moment. »Komm hoch und leg dich mit ins Nest«, lädt sie den kleinen Zauberer ein.

Marius zögert, dann klettert er los. Das ist ganz schön hoch! Vorsichtig balanciert er über den Ast und steigt ins Nest zwischen Mama Meise und ihre drei Kinder, die fest schlafen. Mama Meise rutscht ein Stück, Marius kuschelt sich in die Federn. Hier ist es gemütlich, viel weicher als in seinem Bett.

Dafür kitzelt ihn etwas. Marius macht die Augen zu – und gleich wieder auf. Eine Feder kitzelt seine Nase, eine andere seinen Hals. Marius kichert. Mama Meise stupst ihn an, aber er kann nicht aufhören zu lachen, wenn das so kitzelt!

Kurz darauf steigt Marius wieder vom Baum. Mama Meise wollte nicht unhöflich sein, aber Leute, die ununterbrochen kichern, können nicht im Nest bleiben.

Der kleine Zauberer überlegt. Wohin soll er jetzt gehen? An den See kann er nicht, die Frösche haben sich über seine nächtlichen Besuche beschwert. Die Hasen unter den Ginsterbüschen auch.

»He, kannst du nicht schlafen?« Marius hört eine Stimme und das Trappeln vieler Füße. Dann fliegt ein Glühwürmchen vorbei und er erkennt, wer ihn angesprochen hat. Hermann, der Tausendfüßler, der nie stillsteht.

Marius nickt. Hermann trippelt um ihn herum. »Ich kann dir helfen«, sagt er.

Erwartungsvoll guckt Marius ihn an. Ausgerechnet der hibbelige Tausendfüßler weiß, wie man am besten einschläft?

»Das geht nur bei dir zu Hause«, sagt Hermann.

Gemeinsam laufen sie zum Baumstumpf.

»Leg dich ins Bett«, kommandiert Hermann. Marius klettert hinein.

»Hinlegen! Unter die Decke«, verlangt Hermann.

Marius tut es.

Und Hermann erklärt, wie es weitergeht: »Schließ die Augen. Denk an deinen rechten Fuß. Schick ihm eine Nachricht. Sag ihm, dass er müde ist und sich entspannen soll.«

Bei dieser Vorstellung muss Marius lachen, aber Hermann guckt so streng, dass er schnell wieder aufhört.

Also redet Marius in Gedanken mit seinem Fuß. Tatsächlich fühlt der sich bald müde und schwer an. Der Rest von Marius aber gar nicht.

»Liegen bleiben!«, sagt Hermann. »Jetzt ist der linke Fuß dran.«

Und danach wandern sie in Gedanken durch Marius' ganzen Körper, Stück für Stück.

Zuletzt ist der Kopf an der Reihe.

Alles an Marius fühlt sich jetzt schwer an. Nicht mal die Augen wollen offen bleiben.

»Oh, hast du es gut«, flüstert Hermann. »Du musst nur zwei Beine und zwei Arme zum Schlafen überreden. Bei mir dauert das viel, viel länger.«

Doch Marius hört ihn schon nicht mehr. Er schläft und träumt, dass er mit seinen Freunden auf der Blumenwiese spielt.

LA CUISINE ÉCONOMIQUE

1001 recettes

SOLAR
EDITIONS

APÉRITIFS

BROCHETTES AMUSANTES

Préparation : 15 min • **Cuisson :** 15 min • **Pour 8 brochettes**

2 c. à c. de jus de citron • 3 c. à s. de sauce soja • 3 c. à s. de miel liquide
4 escalopes de poulet • 2 poivrons (rouge et jaune)
1 grande boîte de litchis • 16 clous de girofle • 8 tomates cerises
8 tiges d'oignons nouveaux

- Dans un saladier, préparez la marinade en mélangeant le jus de citron, la sauce soja et le miel.
- Coupez le poulet en cubes et versez ceux-ci dans le saladier. Mélangez la préparation et réservez-la au frais pendant 30 min.
- Lavez les poivrons, découpez-les en lanières puis en triangles.
- Préchauffez le four à 180 °C.
- Préparez 8 brochettes en alternant les cubes de poulet, les litchis et les poivrons et enfournez le tout pour 15 min.
- Pendant la cuisson, retournez les brochettes plusieurs fois et arrosez-les de marinade.
- Piquez 2 clous de girofle sur chaque tomate et mettez celles-ci sur une des extrémités de chaque brochette, puis fixez les tiges d'oignon incisées à l'autre bout.

Brochettes au gingembre
Ajoutez à la marinade 2 c. à c. de gingembre en poudre ou un morceau de gingembre frais de 1 cm finement râpé.

Brochettes d'automne
Remplacez les poivrons par des châtaignes cuites ou des cubes de potiron et utilisez des morceaux de pomme ou de poire à la place des litchis.

Brochettes végétariennes
Remplacez le poulet par des cubes de tofu nature, aux épices ou aux herbes, que l'on trouve dans les magazins bios.

Brochettes au poisson blanc
Remplacez le poulet par 4 petits filets de colin, de cabillaud ou de julienne. Ajoutez une gousse d'ail hachée à la marinade.

Brochettes de légumes rôtis
Alternez 1 morceau de courgette, 1 morceau de poivron, 1 morceau d'oignon et 1 tomate cerise sur les piques. Faites cuire les brochettes au four préchauffé à 180 °C pendant 25 min en les arrosant d'huile d'olive pendant la cuisson.

Sauce au roquefort
Mélangez 150 g de roquefort avec 100 g de fromage blanc. Ajoutez quelques noix concassées. Servez frais avec les brochettes.

Sauce asiatique
Mélangez 250 g de fromage frais de type Saint-Morêt avec 100 g de germes de soja, 1 carotte râpée, 1 c. à s. de sauce soja et 150 g de cacahuètes. Servez cette sauce avec les brochettes.

Brochettes sucrées
Remplacez les légumes par des fruits (pomme, poire, fraise) et servez les brochettes avec 250 g de fromage blanc mélangé à 2 c. à s. de sucre, au jus d'1/2 citron et à 1/2 bouquet de menthe ciselée.

BROCHETTES DE CRUDITÉS SAUCE AUX HERBES

Préparation : 15 min • **Cuisson :** aucune • **Pour 4 personnes**

2 c. à s. de fines herbes (persil, ciboulette, estragon, cerfeuil, etc.)
250 g de chèvre frais • 12 cl de crème fleurette • 2 c. à s. d'huile d'olive
le jus d'1/2 citron • 600 g de légumes crus au choix (concombre, céleri, tomates cerises, avocats, courgettes, carottes, etc.) • sel et poivre

- Lavez les herbes, séchez-les et hachez-les.
- Mixez ensemble le fromage de chèvre, les herbes hachées, la crème fleurette, l'huile d'olive et le jus de citron. Salez et poivrez.
- Répartissez cette sauce dans des verrines individuelles.
- Lavez les légumes, rincez-les puis coupez-les en morceaux. Enfilez-les sur des piques à cocktail et servez-les avec les verrines de sauce au fromage.

Bruschetta aux tomates marinées
Pour un goût plus prononcé, faites mariner pendant 1 h les tomates avec de l'ail et du basilic hachés, le tout arrosé d'huile d'olive.

Bruschetta au jambon sec
Ajoutez une fine tranche de jambon sec sur les tranches de pain grillé avant de mettre la mozzarella. Remplacez le basilic par de la sauge.

Bruschetta aux anchois
Ajoutez 2 filets d'anchois sur les tranches de pain grillées. Remplacez le basilic par du persil.

Bruschetta aux légumes grillés
Remplacez les tomates par des lamelles d'aubergine, de courgette ou de poivron grillé. On en trouve au rayon surgelé des supermarchés.

BRUSCHETTA

Préparation : 10 min • **Cuisson** : 10 min • **Pour 4 personnes**

3 tomates • 4 belles tranches de pain de campagne • 2 gousses d'ail
200 g de mozzarella • 5 c. à s. d'huile d'olive • 1 bouquet de basilic
sel et poivre

- Ébouillantez les tomates pendant 30 s et épluchez-les. Coupez-les en fines rondelles, ôtez-leur les pépins et laissez-les égoutter.
- Passez les tranches de pain sous le gril du four, d'un seul côté, jusqu'à ce qu'elles soient dorées. Laissez-les refroidir quelques instants puis frottez-les à l'ail.
- Coupez la mozzarella en tranches fines.
- Déposez les tranches de pain grillées sur un plat allant au four, côté grillé en dessous. Arrosez-les de 3 c. à s. d'huile d'olive.
- Posez les tranches de tomates et de mozzarella sur le pain huilé. Salez, poivrez et arrosez-les avec l'huile restante.
- Mettez les tartines sous le gril du four pour quelques minutes : la mozzarella doit fondre et dorer légèrement.
- Servez les bruschettas tièdes, parsemées de feuilles de basilic ciselé.

Canapés légers au saumon
Remplacez la mayonnaise par 50 g de fromage blanc allégé mélangé à 1 c. à s. de moutarde. Salez très légèrement.

Canapés au poisson fumé
Remplacez le saumon au naturel par 4 grosses tranches coupées en morceaux de saumon fumé, de truite fumée ou de haddock fumé.

Canapés au thon
Remplacez le saumon par la même quantité de thon au naturel. Préférez la ciboulette à l'estragon pour cette version.

Endives garnies
Pour un apéritif plus léger, vous pouvez fourrer des feuilles d'endives avec la préparation. Comptez 8 à 12 feuilles d'endives.

CANAPÉS DE SAUMON AUX POMMES

Préparation : 10 min • **Cuisson** : aucune • **Pour 4 personnes**

2 pommes granny-smith • le jus d'½ citron • 1 boîte de 200 g de saumon entier au naturel • 4 c. à s. de mayonnaise 1 petite boîte de maïs doux • 1 dizaine de baies roses 1 branche d'estragon • 4 tranches de pain de mie • 1 oignon rouge

- Lavez les pommes et essuyez-les. Coupez-les en 2 et éliminez le cœur. Détaillez-les en lamelles et arrosez-les de jus de citron.
- Égouttez le saumon, et enlevez éventuellement les arêtes et la peau.
- Incorporez dans la mayonnaise le maïs bien égoutté, les baies roses concassées et l'estragon lavé et ciselé.
- Faites griller légèrement les tranches de pain de mie de façon qu'elles restent moelleuses.
- Émincez finement l'oignon rouge.
- Sur chaque tranche de pain, disposez ¼ des pommes, étalez 1 c. à s. de sauce au maïs, effeuillez ¼ du saumon par-dessus et parsemez de l'oignon et de l'estragon ciselé.
- Arrosez les canapés d'un filet de jus de citron et savourez-les aussitôt.

Astuce : faites griller les tranches de pain de mie accolées deux à deux pour leur conserver une face moelleuse sur laquelle vous composerez le canapé.

Crostini de pois chiches
Remplacez les fèves par la même quantité de pois chiches en boîte déjà cuits. Remplacez l'huile d'olive par de l'huile de sésame et le vinaigre balsamique par de la sauce soja.

Crostini de lentilles
Remplacez les fèves par la même quantité de lentilles vertes, que vous ferez cuire de 20 à 25 min dans 3 fois leur volume d'eau.

Pita aux fèves
Remplacez la baguette par des pains pita et utilisez des merguez à la place du bacon.

Crostini au caviar d'aubergine
Remplacez les fèves écrasées par 1 pot de caviar d'aubergine, que vous ferez réchauffer pendant 1 min à la casserole.

CROSTINI DE FÈVES AU BACON

Préparation : 10 min • **Cuisson :** 11 min • **Pour 4 personnes**

1 baguette de pain • 4 c. à s. d'huile d'olive
250 g de fèves fraîches écossées • 8 tranches de bacon • 150 g de feta
vinaigre balsamique • fleur de sel • sel et poivre

- Découpez la baguette en longues tranches biseautées. Badigeonnez-les légèrement d'huile d'olive. Faites-les griller à four chaud pendant 5 min.

- Faites blanchir les fèves dans une grande casserole d'eau bouillante pendant 3 min. Enlevez-leur la peau et écrasez-les à la fourchette en incorporant le reste d'huile d'olive, du sel et du poivre.

- Taillez les tranches de bacon en fines lanières. Faites-les revenir sans matière grasse pendant 3 min dans une poêle antiadhésive.

- Préparez les crostini avec tous les éléments encore tièdes : sur les tranches de pain, étalez les fèves écrasées, le bacon et la feta émiettée. Arrosez les crostini avec quelques gouttes de vinaigre balsamique et d'huile d'olive. Terminez avec 1 pincée de fleur de sel.

GUACAMOLE

Préparation : 10 min • **Cuisson :** aucune • **Pour 4 personnes**

3 avocats assez mûrs • 1 petit oignon • 3 piments verts • 1 gousse d'ail
3 brins de coriandre • ½ c. à c. de cumin en poudre • le jus d'½ citron
2 c. à s. d'huile d'olive • sel

- Coupez les avocats en 2. Prélevez la chair et écrasez-la dans un bol à l'aide d'une fourchette.
- Hachez l'oignon, les piments, l'ail, la coriandre et versez-les sur la chair d'avocat.
- Ajoutez le cumin, le jus de citron, l'huile, du sel et mélangez le tout.

Guacamole au crabe
Mélangez 250 g de chair de crabe émiettée avec 15 cl de crème liquide et 1 pincée de sel. Ajoutez cette préparation au guacamole.

Guacamole à la citronnelle
Ajoutez 1 c. à s. de citronnelle finement ciselée à la préparation. Ajoutez éventuellement 1 c. à c. de gingembre en poudre.

Roulés de jambon au guacamole
Taillez 4 tranches de jambon blanc en 2. Déposez sur chaque demi-tranche 2 c. à s. de guacamole. Roulez les tranches avec la préparation et maintenez-les avec 1 pique en bois.

Tuiles au parmesan
Déposez 8 petits tas de parmesan sur une plaque recouverte de papier sulfurisé. Étalez-les puis faites-les cuire au four jusqu'à ce que les tuiles soient dorées. Laissez refroidir et servez avec le guacamole.

Pizzas au jambon
Coupez 4 tranches de jambon blanc ou de jambon de pays en morceaux et ajoutez-les sur les pizzas.

Pizzas suédoises
Remplacez les tranches de pain par des petits pains grillés suédois. Remplacez la sauce tomate par de la crème fraîche et ajoutez des lamelles de saumon fumé.

Salade folle
Servez ces minipizzas en entrée ou en plat principal léger accompagnées de salade frisée parsemée de grains de maïs et de germes de soja, assaisonnée de sauce pour crudités.

Smoothie des enfants
Mixez 10 cl de jus de pomme, 10 cl de jus d'orange avec 3 fraises et 3 framboises. Servez bien frais avec les pizzas pour un apéritif spécial enfants.

PIZZAS MASQUÉES

Préparation : 10 min • **Cuisson** : 15 min • **Pour 8 minipizzas**

1 oignon nouveau • 1 courgette • 8 petits champignons de Paris
1 c. à s. d'huile d'olive • 8 tranches de pain (fines et rondes)
8 c. à s. de sauce tomate • 120 g d'emmental râpé • sel
Pour la décoration : grains de maïs • radis • carotte
olives vertes dénoyautées • courgette

- Pelez et émincez l'oignon. Lavez et émincez la courgette et les champignons.
- Faites revenir les oignons à la poêle pendant 1 min avec l'huile d'olive. Ajoutez les courgettes et les champignons et laissez cuire jusqu'à ce qu'ils deviennent tendres.
- Faites griller légèrement les tranches de pain. Étalez la sauce tomate par-dessus puis ajoutez les légumes et recouvrez d'emmental râpé.
- Passez les minipizzas sous le gril pendant quelques minutes jusqu'à ce que le fromage soit fondu et doré.
- Pendant ce temps préparez la décoration avec les légumes crus : taillez la courgette en rondelles pour les oreilles, coupez les olives en 2 pour les yeux, détaillez les radis en rondelles pour le nez, formez des bâtonnets fins de carotte pour la moustache et utilisez des grains de maïs pour les dents.

Toasts de pomme de terre à la poivronade

Coupez des pommes de terre cuites et emballées sous vide en 16 rondelles et tartinez-les de poivronade.

Pain de mie roulé à la poivronade et au jambon

Aplatissez 4 tranches de pain de mie au rouleau. Garnissez-les d'1 tranche fine de jambon sec et d'1 ou 2 c. à s. de poivronade. Roulez les tranches puis coupez-les en tronçons.

Papillotes de colin à la poivronade

Déposez 4 filets de colin dans des papillotes. Nappez-les de poivronade et faites-les cuire au four préchauffé à 180 °C de 12 à 15 min. Servez avec du riz.

Tatin d'augergines à la poivronade

Déposez 800 g d'aubergines grillées dans un plat à tarte huilé, recouvrez-les de poivronade puis d'une pâte feuilletée. Faites cuire au four pendant 25 min à 200 °C.

POIVRONADE

Préparation : 20 min • **Cuisson :** 15 min • **Pour 4 personnes**

4 poivrons rouges • 2 oignons • 5 c. à s. d'huile d'olive
8 feuilles de basilic • un peu de chapelure • cumin • sel

- Sous le gril du four, faites chauffer les poivrons jusqu'à ce que leur peau noircisse et se détache (retournez-les régulièrement). Placez-les dans un sac en plastique bien fermé pour 15 min, puis épluchez-les, ôtez-leur les pépins et coupez-les en morceaux.

- Épluchez les oignons et émincez-les. Faites-les revenir à la poêle dans 3 c. à s. d'huile d'olive.

- Dans un saladier, mélangez les poivrons, les oignons, le basilic ciselé, 2 c. à s. d'huile d'olive, un peu de chapelure, 1 pincée de cumin et un peu de sel.

- Versez la préparation dans le bol d'un mixeur et mixez-la jusqu'à ce qu'elle soit fondante.

- Servez la poivronade avec des bâtonnets de crudités.

RILLETTES DE THON PARFUMÉES AU BASILIC

Préparation : 15 min • **Cuisson** : aucune • **Pour 4 personnes**

350 g de thon au naturel en boîte • quelques feuilles de basilic
2 petits-suisses nature • 2 c. à s. de crème fraîche épaisse
1 c. à c. de moutarde • 1/2 citron • paprika en poudre • sel et poivre

- Videz le jus de la boîte de thon. Écrasez celui-ci à la fourchette et laissez-le égoutter au maximum dans une passoire.
- Lavez les feuilles de basilic. Réservez-en quelques-unes et ciselez les autres finement.
- Dans un bol, mélangez le thon avec les petits-suisses écrasés, la crème fraîche, la moutarde, le jus du citron, le basilic, du sel et du poivre.
- Recouvrez la préparation de film alimentaire et mettez au réfrigérateur pour 45 min environ.
- Répartissez les rillettes dans 4 petits ramequins, parsemez-les légèrement de paprika et décorez-les avec les feuilles de basilic réservées et des zestes de citron.
- Servez très frais.

Rillettes de thon au curry et à la ciboulette

Remplacez le basilic par de la ciboulette finement hachée et ajoutez 1 ou 2 c. à c. de curry en poudre, selon votre goût.

Rillettes de saumon

Remplacez le thon par la même quantité de saumon au naturel en boîte. Vous pouvez remplacer le basilic par de l'aneth.

Tomates farcies au thon

Coupez 8 tomates cocktail en 2, retirez la pulpe et un peu de chair, et garnissez-les d'1 c. à c. de rillettes de thon.

Rouleaux de concombre au thon

Taillez 8 tranches très fines de concombre dans la longueur à l'aide d'une mandoline. Garnissez-les de rillettes de thon et roulez-les.

Rouades aux tomates séchées

Ajoutez 1 morceau de tomate séchée à l'huile sur la mozzarella avant de former les roulades.

Roulades de saumon à l'aneth

Garnissez 4 tranches de saumon fumé d'1 c. à s. de fromage frais et ajoutez un brin d'aneth au centre avant de les rouler.

Roulades de jambon de Parme à la ricotta

Garnissez 4 tranches de jambon de Parme de ricotta et ajoutez une feuille de sauge fraîche au centre avant de rouler.

Roulades de courgette au confit de tomates

Faites pocher 4 tranches de courgette taillées dans la longueur pendant 4 min. Garnissez-les de confit de tomates en boîte et roulez-les.

ROULADES DE JAMBON À LA MOZZARELLA

Préparation : 15 min • **Cuisson** : 4 min • **Pour 4 personnes**

1 courgette • 4 tranches de jambon blanc (sans couenne)
1 boule de mozzarella • ciboulette • sel et poivre

- Lavez la courgette. Coupez-la en fines lanières dans le sens de la longueur.

- Faites cuire celles-ci pendant 4 min dans l'eau bouillante salée, puis passez-les sous l'eau froide et égouttez-les sur un papier absorbant.

- Coupez les tranches de jambon en 2. Détaillez la mozzarella en tranches.

- Déposez une lanière de courgette sur chaque demi-tranche de jambon, que vous recouvrirez de morceaux de mozzarella. Salez, poivrez. Roulez et attachez les tranches avec une tige de ciboulette.

- Servez les roulades parsemées de ciboulette ciselée.

TAPENADE AUX OLIVES

Préparation : 5 min • **Cuisson :** aucune • **Pour 4 personnes**

200 g d'olives noires dénoyautées • 1 gousse d'ail • 1 c. à s. de câpres
4 filets d'anchois à l'huile • 3 c. à s. d'huile d'olive
le jus d'1/2 citron • poivre

- Dans le bol d'un robot, mettez les olives noires, l'ail épluché, les câpres, les filets d'anchois et l'huile d'olive puis mixez le tout finement.
- Ajoutez le jus de citron et un peu de poivre.
- Servez la tapenade avec des toasts de pain grillés.

Tapenade verte
Pour un goût un peu plus doux, remplacez les olives noires par des olives vertes.

Crostini à la tapenade et aux tomates séchées
Tartinez 4 tranches de pain de campagne de tapenade. Ajoutez 2 ou 3 morceaux de tomates séchées à l'huile et parsemez de parmesan râpé.

Choux à la tapenade
Garnissez 8 choux de pâtissier de tapenade et faites-les réchauffer de 4 à 5 min au four préchauffé à 180 °C.

Crackers au chèvre et à la tapenade
Garnissez 8 crackers de fromage de chèvre en bûche et déposez 1 c. à c de tapenade par-dessus.

Tartines de chèvre chaud à la confiture d'oignons
Remplacez les figues fraîches par 1 c. à c. de confiture d'oignons.

Tartines de gorgonzola aux poires
Tartinez 4 tranches de pain de campagne de gorgonzola et déposez 2 lamelles de poire par-dessus.

Tartines de mousse de foie à la pomme
Garnissez 4 tranches de pain brioché grillé de mousse de foie et déposez 1 c. à c. de gelée de pommes par-dessus.

Tartines de lapin aux abricots
Tartinez 4 tranches de pain de seigle de rillettes de lapin et déposez 1 abricot sec par-dessus.

TARTINES DE CHÈVRE CHAUD AUX FIGUES

Préparation : 5 min • **Cuisson :** 10 min • **Pour 4 personnes**

2 figues bien mûres • 4 petits fromages de chèvre frais
4 tranches de pain de campagne • 2 brins de romarin • poivre

- Préchauffez le four à 210 °C.
- Lavez les figues et séchez-les, puis coupez-les en rondelles.
- Étalez 1 fromage de chèvre frais sur chaque tranche de pain de campagne et saupoudrez de poivre.
- Disposez 2 rondelles de figues sur chaque tartine.
- Effeuillez un peu de romarin par-dessus.
- Mettez les tartines au four et laissez-les dorer pendant 10 min.
- Servez chaud.

Astuce : si les figues ne sont pas très mûres, il est préférable de les éplucher et de les sucrer légèrement.

TOASTS DE TOMATE AUX ANCHOIS

Préparation : 15 min • **Cuisson** : aucune • **Pour 6 personnes**

*6 tomates moyennes • 1 bouquet de basilic • 300 g de ricotta
3 c. à s. d'huile d'olive • 1 c. à s. de jus de citron • 100 g d'olives noires dénoyautées • 18 filets d'anchois • sel et poivre*

- Lavez et séchez les tomates. Coupez-les en 3. Salez, poivrez, réservez.
- Lavez le basilic, essuyez-le et hachez-le finement.
- Dans un bol, mélangez la ricotta, 2 c. à s. d'huile d'olive, le jus de citron et 2 c. à s. de basilic haché.
- Coupez les olives en rondelles.
- Pour chaque toast, superposez 1 tranche de tomate, 3 filets d'anchois, quelques rondelles d'olives, du basilic haché et arrosez d'un filet d'huile. Terminez par 1 autre tranche de tomate, un peu de mélange à la ricotta et fermez le toast par le chapeau de tomate.
- Servez aussitôt.

Toasts de tomate à la feta
Remplacez la ricotta par la même quantité de feta, que vous écraserez avec 10 cl de crème fraîche. Remplacez le jus de citron et le basilic par 2 c. à s. d'herbes de Provence.

Toasts de tomate à l'houmous
Pour des toasts végétariens, remplacez le mélange à la ricotta et les anchois par de l'houmous de pois chiches ou de fèves.

Toasts de tomate à la viande des Grisons
Remplacez les anchois par de fines tranches de viande des Grisons.

Toasts de concombre
Remplacez les tranches de tomates par des rondelles épaisses de concombre. Réduisez les quantités de garniture en fonction de la taille des rondelles.

TORTILLAS ROULÉES AU THON

Préparation : 20 min • **Cuisson** : 10 min • **Pour 4 personnes**

2 œufs • 1 concombre • 2 brins de persil • 1 grande boîte de thon au naturel • 4 c. à s. de mayonnaise • 4 tortillas souples

- Faites cuire les œufs pendant 10 min dans de l'eau bouillante. Laissez refroidir puis écalez-les et hachez-les.
- Lavez le concombre et coupez-le en fins bâtonnets. Lavez le persil et ciselez-le. Égouttez le thon et émiettez-le.
- Dans un bol, mélangez la mayonnaise, les œufs durs hachés, le thon et le persil.
- Tartinez les tortillas avec cette préparation puis coupez-les en 3. Déposez un petit fagot de concombre près d'un bord et roulez chaque tortilla en serrant bien.
- Enveloppez chaque tortilla dans du film alimentaire et réservez l'ensemble au frais jusqu'au moment de servir.

Tortillas roulées aux sardines
Remplacez le thon par des filets de sardines au naturel ou à la sauce tomate.

Tortillas roulées au poulet
Faites cuire 2 filets de poulet à la poêle, à sec, puis laissez-les refroidir et mixez-les. Remplacez le thon par le poulet mixé.

Tortillas roulées aux courgettes
Remplacez le concombre par des bâtonnets de courgettes, que vous pourrez faire pocher de 3 à 4 min ou utiliser crus.

Tortillas roulées au guacamole
Remplacez la garniture des tortillas par 3 c. à s. de guacamole.

Tzatziki aux aubergines grilées
Remplacez les tomates par 3 ou 4 tranches d'aubergine grillée coupées en dés.

Tzatziki à la menthe
Ajoutez 1 bouquet de menthe poivrée finement hachée à la préparation. Remplacez l'oignon par 1 gousse d'ail.

Minisandwiches au tzatziki
Faites dorer sous le gril du four 16 miniblinis. Tartinez-en 8 de tzatziki et recouvrez-les avec les miniblinis restants.

Velouté de concombre
Remplacez les yaourts par 30 cl de crème liquide. Ajoutez 1 bouquet de menthe ciselée. Supprimez l'huile et le vinaigre. Salez puis mixez la préparation. Servez très frais dans des miniverrines.

TZATZIKI AUX DÉS DE TOMATE

Préparation : 25 min • **Repos :** 20 min • **Pour 4 personnes**

1 concombre • *1 oignon nouveau* • *2 tomates* • *2 yaourts à la grecque*
1 c. à s. d'huile d'olive • *1 c. à s. de vinaigre de xérès* • *poivre*

- Pelez les ¾ du concombre et épépinez-le. Coupez-le en très fines tranches. Salez-le et laissez-le dégorger pendant 20 min dans une passoire. Découpez le reste en petits dés.

- Épluchez l'oignon, en conservant sa tige, puis hachez-le très finement.

- Pelez et épépinez les tomates après les avoir ébouillantées pendant 30 s. Découpez-les en petits dés.

- Dans un saladier, mélangez le concombre haché, les yaourts, l'oignon, l'huile, le vinaigre et un peu de poivre. Répartissez la préparation dans des verres. Parsemez de dés de concombre et de tomate. Servez très frais.

ENTRÉES

ARTICHAUTS FARCIS AU JAMBON

Préparation : 25 min • **Cuisson :** 20 min • **Pour 4 personnes**

2 gousses d'ail • 150 g de jambon blanc • 1 bouquet de coriandre
4 tranches de pain de mie • 20 cl de lait • 1 œuf • 8 artichauts poivrade
huile d'olive • 20 cl de vin blanc • 1 pot de coulis de tomates au basilic
sel et poivre

- Épluchez les gousses d'ail et retirez les germes. Coupez le jambon en morceaux. Lavez les feuilles de coriandre et essuyez-les.

- Mettez le pain de mie à tremper dans le lait, puis égouttez-le.

- Dans un saladier mélangez l'ail, l'œuf, le jambon, les feuilles de coriandre et la mie de pain. Poivrez et salez un peu, puis mixez les ingrédients.

- Lavez les artichauts, tranchez leur queue et enlevez les feuilles extérieures. Coupez les artichauts en 2, enlevez le foin avec une cuillère à pamplemousse et recoupez la pointe des feuilles restantes.

- Garnissez l'intérieur de chaque artichaut avec la préparation mixée. Déposez-les, serrés les uns contre les autres, dans une sauteuse, farce sur le dessus. Arrosez d'huile d'olive et versez le vin blanc autour, en rajoutant un peu d'eau. Couvrez et laissez mijoter à feu doux pendant 20 min environ.

- Servez, chaud ou tiède, avec le coulis de tomates au basilic.

Artichauts farcis au poulet
Remplacez le jambon par 1 gros filet de poulet cuit à la poêle, refroidi et effiloché.
Vous pouvez aussi utiliser des tranches de poulet fumé.

Artichauts farcis au thon
Remplacez le jambon par 1 boîte de thon au naturel égoutté et émietté. Vous pouvez remplacer la coriandre par de la ciboulette.

Artichauts farcis au persil
Remplacez la coriandre par du persil plat.

Coulis de tomates maison
Mélangez 200 g de pulpe de tomates en boîte avec 5 brins de basilic haché, 1 gousse d'ail hachée et 3 c. à s. d'huile d'olive. Salez et poivrez.

Avocat au surimi et au pamplemousse
Remplacez le citron par le zeste et le jus d'1 pamplemousse. Ajoutez 2 gouttes de Tabasco et 1 c. à c. de paprika.

Avocats farcis au surimi
Mixez le surimi haché, l'ail, le piment et le jus de citron puis mélangez la préparation avec 15 cl de crème fraîche épaisse. Garnissez les avocats coupés en 2 avec ce mélange.

Avocat aux crevettes
Remplacez le surimi par de petites crevettes roses décortiquées. Vous pouvez les hacher ou les laisser entières.

Avocat aux radis
Mixez la chair des avocats avec 1 courgette pelées, 2 c. à s. d'huile de noisette et 2 yaourts brassés nature. Coupez 1 botte de radis en rondelles et parsemez-en la crème d'avocat.

AVOCAT AU SURIMI À L'ANTILLAISE

Préparation: 10 min • **Cuisson**: 1 min • **Pour 4 à 6 personnes**

1 citron vert • 1 gousse d'ail • 4 gros avocats bien mûrs
1 petit piment vert • 250 g de surimi • sel

- Prélevez le zeste du citron vert. Pressez-en le jus.
- Épluchez l'ail et épépinez le piment.
- Pelez et dénoyautez les avocats, mixez-les avec la gousse d'ail, le piment et le jus du citron vert. Salez.
- Ébouillantez le zeste de citron vert pendant 1 min et découpez-le en lanières fines.
- Hachez le surimi.
- Mélangez le tout avec la purée d'avocat et répartissez la préparation dans des petits ramequins.
- Servez frais.

BEIGNETS DE POTIRON

Préparation : 15 min • **Cuisson** : 15 min • **Pour 6 personnes**

1 belle tranche de potiron • 50 g de farine • 50 g de fécule de pomme de terre • 10 g de levure • 10 cl de lait • huile pour friture quelques branches de persil • sel et poivre

- Ôtez l'écorce du potiron, puis râpez la chair à l'aide d'une grosse râpe.
- Mélangez la farine, la fécule de pomme de terre et la levure dans un saladier.
- Continuez à remuer la préparation en ajoutant le lait peu à peu. Salez et poivrez.
- Incorporez le potiron râpé à la préparation.
- Dans une friteuse ou une casserole à fond épais, faites chauffer l'huile et plongez-y 3 c. à s. de la préparation pour chaque beignet.
- Laissez cuire de 2 à 3 min, puis retirez les beignets avec une écumoire.
- Déposez-les sur du papier absorbant et gardez-les à température ambiante.
- Servez les beignets tièdes, décorés de brins de persil.

Beignets de potiron à la coriandre

Lavez un bouquet de coriandre, séchez-le et hachez-le finement. Mélangez avec la pâte à beignets.

Beignets de potiron au curry

Remplacez le lait par la même quantité de lait de coco. Ajoutez 1 à 2 c. à c. de curry en poudre à la préparation.

Beignets de courgette

Remplacez la chair de potiron par 5 belles courgettes râpées avec la peau. Remplacez la fécule de pomme de terre par 1 œuf, qui servira de liant.

Beignets d'aubergine

Remplacez la chair de potiron par 4 aubergines que vous aurez coupées en rondelles et fait dégorger pendant 1 h avec du gros sel.

Betteraves sucrées-salées au cumin
Pour un goût un peu plus relevé, ajoutez 1 c. à c. de cumin à la vinaigrette.

Betteraves sucrées-salées aux amandes
Parsemez les betteraves de 30 g d'amandes effilées grillées à sec. Si votre budget le permet, vous pouvez aussi utiliser des pignons de pins.

Betteraves aux pommes et aux noix
Remplacez les pamplemousses et les oranges par 4 pommes coupées en lamelles et 12 cerneaux de noix. Utilisez de préférence de l'huile de noix.

Betteraves à la cannelle
Laissez mariner 4 betteraves coupées en dés avec 1 bouquet de persil haché, 2 c. à s. d'huile d'olive, 1 c. à s. de vinaigre blanc et 1/2 c. à c. de cannelle en poudre. Servez très frais.

BETTERAVES SUCRÉES-SALÉES

Préparation : 20 min • **Cuisson :** aucune • **Pour 4 personnes**

2 pamplemousses roses • 2 oranges non traitées • 2 petites betteraves cuites • 1 bouquet de cerfeuil • 1 c. à s. de vinaigre de xérès 3 c. à s. d'huile d'olive • 30 g d'amandes effilées • sel et poivre

- Avec un couteau bien tranchant, pelez à vif les pamplemousses, en retirant les peaux blanches, puis séparez les quartiers.

- Lavez 1 orange et séchez-la puis prélevez son zeste avec un épluche-légumes et hachez-le finement. Pelez à vif les 2 oranges et séparez les quartiers.

- Retirez les pépins s'il y en a et mettez tous les fruits dans une passoire.

- Pelez les betteraves, puis tranchez-les en fines lamelles.

- Rincez le cerfeuil, séchez-le et détachez les feuilles.

- Pour la vinaigrette, mettez le zeste d'orange haché dans un bol avec le vinaigre de xérès et versez peu à peu l'huile d'olive en remuant bien puis salez et poivrez.

- Faites griller les amandes à sec dans une poêle.

- Préparez 4 assiettes en disposant les lamelles de betteraves et les quartiers de fruits bien égouttés. Arrosez de vinaigrette, décorez avec le cerfeuil et parsemez d'amandes effilées.

CAKE À LA TOMATE ET AUX HERBES

Préparation : 20 min • **Cuisson :** 35 min • **Pour 6 personnes**

2 tomates • 1 bouquet de ciboulette • 1 bouquet de persil
1 bouquet d'estragon • 5 œufs • 250 g de farine • 1 sachet de levure
25 cl d'huile d'olive • sel et poivre

- Préchauffez le four à 180 °C.
- Lavez les tomates et coupez-les en petits dés, puis égouttez ceux-ci.
- Rincez les herbes et coupez-les finement.
- Cassez les œufs en séparant les blancs des jaunes.
- Dans un récipient, mélangez la farine, les jaunes d'œufs et la levure. Ajoutez l'huile d'olive, les tomates et les herbes. Salez et poivrez.
- Isolez 3 blancs d'œufs et montez-les en neige, puis rajoutez-les au mélange précédent.
- Huilez un moule à cake et versez-y la préparation.
- Faites cuire le cake au four pendant environ 35 min.
- Découpez-le en tranches lorsqu'il est bien froid.

Cake à la tomate et au jambon

Coupez 2 tranches de jambon blanc en petits dés et ajoutez-les à la préparation. Vous pouvez aussi utiliser du jambon sec.

Cake à la tomate et aux champignons

Ajoutez 250 g de champignons de Paris frais coupés en morceaux à la préparation. Vous pouvez aussi utiliser 250 g de champignons mélangés décongelés.

Cake aux herbes et à la feta

Remplacez les tomates par 200 g de feta émiettée.

Cake aux aubergines grillées

Ajoutez 150 g d'aubergines grillées décongelées et coupées en dés à la préparation. Vous pouvez également ajouter 100 g de tomates séchées coupées en morceaux.

CAKE DU SUD-OUEST

Préparation : 20 min • **Cuisson** : 50 min • **Pour 6 personnes**

3 œufs • 3 c. à s. d'huile d'olive • 10 cl de lait • 160 g de farine
1 sachet de levure chimique • 100 g de jambon sec
200 g de pruneaux dénoyautés • 100 g de noix
20 g de beurre • sel et poivre

- Préchauffez le four à 180 °C.
- Dans un saladier, battez les œufs entiers, l'huile et le lait. Salez et poivrez.
- Mélangez dans un bol, la farine et la levure et incorporez le mélange délicatement à la préparation aux œufs.
- Détaillez le jambon en lanières, les pruneaux en rondelles et concassez grossièrement les noix. Ajoutez tous ces éléments à la préparation tout en les mélangeant délicatement.
- Beurrez un moule à cake. Versez-y le mélange puis faites-le cuire au four pendant 50 min.
- Surveillez la fin de la cuisson : le cake est cuit lorsque la pointe d'un couteau planté dédans ressort sèche.
- Démoulez le cake une fois refroidi.
- Accompagnez-le d'une salade de roquette et d'un vin de Gaillac.

Cake du Sud-Ouest au fromage

Coupez 100 g de roquefort ou de rocamadour en petits dés et ajoutez ceux-ci à la préparation.

Cake du Sud-Ouest aux figues fraîches

Remplacez les pruneaux par la même quantité de figues fraîches coupées en 4. Pour un plat encore plus économique, utilisez des figues séchées.

Cake aux poires et au bleu

Remplacez les pruneaux par 2 belles poires pelées et coupées en morceaux. Remplacez le jambon par 150 g de bleu d'Auvergne.

Cake aux olives

Remplacez les pruneaux par des olives vertes et des olives noires coupées en rondelles. Vous pouvez utiliser des lardons à la place du jambon.

Compotée douce
Remplacez les cornichons et les oignons au vinaigre par 1/2 concombre et 8 oignons de printemps.

Bruschetta à la compotée de tomates et poivron
Coupez les tranches de pain en 4, faites-les griller et déposez 1 c. à s. de préparation sur chaque morceau.

Tomates et poivron façon méchouia
Coupez les tomates et le poivron en tous petits dés. Supprimez les autres ingrédients et remplacez-les par 2 oignons et 4 gousses d'ail coupés en dés, le jus de 1 citron et 4 c. à s. d'huile d'olive.

Tomates et poivron à l'origan
Coupez les tomates et le poivron en tous petits dés. Supprimez les autres ingrédients et remplacez-les par 2 petits oignons coupés en dés. Parsemez de 2 c. à c. d'origan séché. Servez très frais.

COMPOTÉE DE POIVRONS ET DE TOMATES À L'AIGRE-DOUX

Préparation : 20 min • **Cuisson :** 4 min • **Pour 4 personnes**

4 tomates • 1 c. à c. de sucre en poudre • 2 c. à s. d'huile d'olive
1 poivron jaune • 4 cornichons • 8 oignons grelots au vinaigre • 2 tranches de pain de campagne
10 brins de ciboulette • sel et poivre

- Pelez et épépinez les tomates après les avoir ébouillantées pendant 30 s. Coupez-les en petits dés.
- Versez-les dans un saladier ; ajoutez le sucre, l'huile, du sel et du poivre et mélangez la préparation.
- Taillez le poivron en petites lanières et les cornichons en bâtonnets. Coupez les oignons grelots en 4.
- Disposez les ingrédients de façon harmonieuse dans 4 coupelles. Réservez au frais.
- Ôtez la croûte du pain et découpez la mie en dés. Faites-les dorer pendant quelques minutes à la poêle avec 1 c. à s. d'huile d'olive.
- Au moment de servir, ajoutez les croûtons et la ciboulette ciselée.

Concombres à la feta
Ajoutez 150 g de feta émiettée à la salade.

Concombres, sauce à la menthe
Remplacez les ingrédients de la vinaigrette et le basilic par 2 yaourts à la grecque assaisonnés d'un peu de sel, d'1 gousse d'ail hachée et d'1 bouquet de menthe ciselée.

Courgettes au basilic
Remplacez les concombres par 3 courgettes coupées en lanières et pochées à l'eau pendant 1 min.

Concombres au surimi
Mélangez 1 concombre coupé en rondelles avec 6 bâtonnets de surimi taillés en rondelles, 1 c. à s. de moutarde, 1 yaourt brassé nature, 1 c. à s. d'huile d'olive, du sel et du poivre.

CONCOMBRES AU BASILIC

Préparation : 20 min • **Cuisson :** 30 s • **Pour 4 personnes**

2 concombres • 1 grosse tomate roma • 1 bouquet de basilic
1 c. à c. de moutarde • le jus d'1 citron • 5 cl d'huile d'olive
sel et poivre

- Lavez les concombres et détaillez-les en bandes fines dans le sens de la longueur à l'aide d'un épluche-légumes ou d'une mandoline. Salez-les et laissez-les dégorger pendant 20 min dans une passoire.

- Ébouillantez la tomate pendant 30 s pour la peler et l'épépiner. Découpez-la en petits dés.

- Lavez le basilic, réservez 4 feuilles pour la décoration et ciselez le reste.

- Préparez la sauce en mélangeant la moutarde, le jus de citron, l'huile, du poivre et le basilic ciselé.

- Placez les bandes de concombre dans un saladier, arrosez-les de sauce et décorez avec les feuilles entières de basilic et les dés de tomates.

- Servez très frais.

CROUSTILLANTS D'ARTICHAUTS CITRONNÉS

Préparation : 20 min • **Cuisson** : 35 min • **Pour 6 personnes**

1 citron • 6 petits artichauts poivrade • 30 g de beurre
6 feuilles de brick • 200 g de bûche de chèvre frais • 2 œufs
15cl de crème fleurette • 2 brins d'origan • sel et poivre

- Râpez le zeste du citron lavé et récupérez le jus.
- Raccourcissez les feuilles des artichauts avec un couteau et arrachez les tiges d'un coup sec. Divisez-les en 2 dans le sens de la longueur après avoir enlevé les premières feuilles coriaces. Arrosez-les aussitôt de jus de citron pour éviter qu'ils noircissent.
- Faites cuire les artichauts pendant 3 min dans de l'eau bouillante salée. Égouttez-les bien ensuite.
- Préchauffez le four à 180 °C.
- Faites fondre le beurre.
- Enduisez les feuilles de brick de beurre fondu à l'aide d'un pinceau de cuisine et superposez-les dans le fond d'un moule à manqué.
- Garnissez les feuilles de brick avec la moitié du chèvre découpé en rondelles, puis les artichauts et enfin le reste du chèvre.
- Battez les œufs avec la crème, le zeste de citron, l'origan effeuillé, du sel et du poivre. Versez le mélange dans le moule.
- Faites cuire au four pendant 30 min.
- Servez chaud.

Croustillants d'artichauts express
Remplacez les artichauts par des cœurs d'artichauts en boîte, égouttés et coupés en morceaux ou mixés avec le fromage.

Croustillants d'artichauts au curcuma
Remplacez le citron et l'origan par 2 c. à c. de curcuma en poudre. À défaut, utilisez du curry.

Croustillants d'artichaut au poulet
Ajoutez 3 petits filets de poulet revenus à la poêle et coupés en dés à la préparation. Servez en plat principal accompagné de salade verte.

Croustillants de courgettes
Remplacez les artichauts par courgettes coupées en dés et revenus à la poêle de 8 à 10 min avec 1 filet d'huile d'olive.

CROUSTILLANTS DE FÈVES À LA MIMOLETTE ET AU CARVI

Préparation : 30 min • **Cuisson** : 13 min • **Pour 4 personnes**

400 g de fèves écossées • 1 gousse d'ail • 1 brin de menthe
60 g de mimolette vieille • 2 c. à c. de graines de carvi
6 c. à s. d'huile d'olive • 1 paquet de feuilles de brick • sel et poivre

- Ébouillantez les fèves puis pelez-les. Faites-les cuire pendant 10 min dans de l'eau bouillante salée. Réservez 3 c. à s. de fèves.
- Préchauffez le four à 180 °C.
- Épluchez l'ail. Lavez la menthe et effeuillez-la. Râpez 20 g de mimolette et coupez le reste en copeaux.
- Mixez le reste des fèves en crème avec l'ail, la menthe, 1 c. à c. de graines de carvi et la mimolette râpée. Ajoutez 3 c. à s. d'huile d'olive, du sel et du poivre.
- Recouvrez une plaque de papier-cuisson. Coupez les feuilles de brick en 20 carrés de 7 cm de côté. Étalez-les sur la plaque et enduisez-les d'huile. Faites-les cuire à four chaud pendant 3 min en surveillant la coloration.
- Superposez 5 carrés de brick, garnissez-les de crème de fèves, parsemez des fèves réservés, de graines de carvi et de fins copeaux de mimolette.
- Salez, poivrez et servez.

Croustillants de fèves au cumin
Si vous ne trouvez pas de graines de carvi, vous pouvez utiliser du cumin en poudre à la place.

Croustillants de fèves au munster
Remplacez la mimolette par la même quantité de munster.

Croustillants de lentilles
Remplacez les fèves par la même quantité de lentilles vertes, que vous ferez cuire à l'eau de 25 à 30 min, ou à la vapeur pendant 15 min.

Croustillants de chou
Remplacez les fèves par 1/2 chou frisé, que vous couperez en lanières et que vous laisserez mijoter à la sauteuse avec un peu d'huile pendant 1 h.

Terrine aux herbes
Ciselez finement 1 bouquet de basilic ou de menthe hachée. Parsemez-en la terrine juste avant de réserver au frais, avant que le jus ne fige.

Terrine à la mozzarella
Remplacez les olives hachées par 1 boule de mozzarella coupée en fines rondelles.

Terrine aux aubergines grillées
Remplacez les olives hachées par 4 ou 5 tranches d'aubergines grillées décongelées et utilisez, éventuellement, du pesto à la place de la tapenade.

Coulis de basilic
Mixez les feuilles d'1 bouquet de basilic avec 1 gousse d'ail, 10 cl d'huile d'olive et le jus d'1 citron. Salez et poivrez. Servez avec la terrine.

DUO D'OLIVES EN TERRINE PROVENÇALE

Préparation : 30 min • **Cuisson** : 2 min • **Pour 8 personnes**

2 kg de tomates • 3 feuilles de gélatine • 10 cl de jus de tomate
1/2 sucre • 100 g d'olives noires dénoyautées • 100 g de tapenade verte
1 c. à s. d'huile d'olive • gros sel

- Après avoir ébouillanté les tomates pendant 30 s, pelez-les et épépinez-les. Coupez-les en tranches et faites-les dégorger pendant 1 h dans une passoire avec du gros sel.

- Faites tremper les feuilles de gélatine dans de l'eau froide puis égouttez-les.

- Dissolvez-les dans un peu de jus de tomate chaud. Ajoutez le reste du jus de tomate et le sucre. Mélangez.

- Hachez grossièrement les olives noires.

- Placez une couche de tranches de tomates dans le fond d'un moule à terrine huilé. Recouvrez de tapenade verte puis d'olives noires hachées et nappez l'ensemble de la moitié du jus de tomate. Terminez par une couche de tomates et le reste du jus.

- Réservez la terrine au réfrigérateur pendant au moins 3 h.

Écrasé de truite à l'alfalfa
Servez les timbales d'écrasée parsemées d'alfalfa (des graines de luzerne germées que l'on trouve dans les magazins bios).

Écrasé de saumon
Remplacez la truite par la même quantité de filet de saumon et utilisez des œufs de saumon à la place des œufs de truite.

Écrasé de truite aux courgettes
Remplacez les herbes par 1 belle courgette râpée.

Écrasé de truite et fondue de poireaux
Coupez 1,2 kg de blancs de poireaux en rondelles. Faites-les cuire avec un peu de beurre à la poêle pendant 20 min à feu doux. Servez avec l'écrasée, en plat principal.

ÉCRASÉ DE TRUITE AUX HERBES

Préparation : 30 min • **Cuisson :** 21 min • **Pour 4 personnes**

400 g de filet de truite • 2 c. à s. d'estragon • 2 c. à s. d'aneth
2 œufs • 100 g de mie de pain rassis • 10 cl de lait
20 cl de crème fraîche épaisse • 100 g d'œufs de truite
20 g de beurre • 3 tomates • le jus d'1 citron • 1 c. à c. de sucre
2 c. à s. d'huile d'olive • sel et poivre

- Préchauffez le four à 180 °C.

- Hachez grossièrement les filets de truite au couteau. Lavez les herbes, essuyez-les et hachez-les. Séparez les blancs des jaunes d'œufs.

- Faites tremper la mie de pain dans le lait, puis égouttez-la. Écrasez-la à la fourchette avec les jaunes d'œufs, la crème fraîche, le poisson haché, du sel et du poivre.

- Montez les blancs en neige puis incorporez-les au mélange précédent ainsi que les herbes hachées et 75 g d'œufs de truite.

- Remplissez des ramequins bien beurrés avec la préparation, placez-les dans un bain-marie et faites cuire au four pendant 20 min. Laissez refroidir et réservez au frais pendant 2 h.

- Ébouillantez les tomates pendant 30 s. Pelez-les et épépinez-les. Mixez-les avec le jus de citron, du sel, le sucre et l'huile d'olive. Réservez au frais.

- Démoulez les timbales sur les assiettes, entourez-les d'1 cordon de coulis de tomate froid et ornez d'œufs de truite.

- Servez très frais.

FEUILLETÉS AU CHAVIGNOL

Préparation: 10 min • **Cuisson**: 15 min • **Pour 6 personnes**

6 crottins de Chavignol mi-secs • 2 c. à s. d'huile d'olive
2 rouleaux de pâte feuilletée • 3 c. à c. d'herbes de Provence
sel et poivre

- Préchauffez le four à 250 °C.
- Salez, poivrez et huilez les crottins.
- Étalez les 2 disques de pâte l'un sur l'autre. Coupez-les en 6 bandes. Placez un crottin au centre de chaque bande de pâte et relevez les bords de la pâte autour du fromage.
- Parsemez les feuilletés d'herbes de Provence.
- Posez-les sur une plaque antiadhésive et faites-les cuire pendant 5 min. Baissez la température du four à 200 °C et laissez cuire pendant encore 10 min.
- Servez les feuilletés avec de la salade verte.

Feuilletés au chèvre et aux épinards

Faites cuire 200 g d'épinards surgelés en suivant les indications sur le sachet. Répartissez-les sur les bandes de pâte feuilletée avant d'ajouter le crottin.

Feuilletés au chèvre et à la tomate

Déposez 1 rondelle de tomate sur chaque crottin de Chavignol.

Feuilletés à la feta et à la courgette

Remplacez les crottins par 400 g de feta émiettée. Faites revenir des dés de courgette de 8 à 10 min à la poêle avec un peu d'huile et répartissez-les sur la pâte avant d'ajouter la feta.

Feuilleté au reblochon et aux lardons

Remplacez les crottins par 1 reblochon coupé en 6 morceaux. Faites revenir 200 g de lardons et répartissez-les sur le fromage avant d'enfourner le plat.

FLAN AUX PARFUMS DU SUD

Préparation : 10 min • **Cuisson** : 40 min • **Pour 4 personnes**

4 tomates • 120 g de chèvre • 2 œufs • thym
20 cl de lait écrémé • sel et poivre

- Préchauffez le four à 180 °C.
- Lavez les tomates, coupez-les en fines rondelles et tapissez-en le fond d'un plat allant au four.
- Coupez le fromage de chèvre en petits morceaux et répartissez-les sur les tomates.
- Battez les œufs dans un bol, ajoutez le thym, puis le lait petit à petit.
- Salez, poivrez, et versez la préparation dans le plat.
- Faites cuire au four, au bain-marie, pendant 40 min.
- Servez chaud.

Flan aux poivrons

Pelez 1 poivron rouge et 1 poivron vert, coupez-les en lanières et faites-les revenir à la poêle avec un peu d'huile pendant 10 min. Répartissez-les sur les tomates avant d'ajouter le chèvre.

Flan aux petits pois et à la menthe

Remplacez les tomates par 150 g de petits pois surgelés cuits à l'eau. Ajoutez les feuilles d'1 bouquet de menthe lavées et hachées à la place du thym.

Flan aux poireaux et au gouda

Remplacez les tomates par 6 blancs de poireaux coupés en rondelles et cuits à l'eau pendant 10 min. Remplacez le chèvre par du gouda.

Tarte aux parfums du Sud

Étalez une pâte feuilletée dans un plat à tarte. Ajoutez les ingrédients par-dessus comme pour le flan et faites cuire au four préchauffé à 180 °C de 35 à 40 min.

Flans de carottes et céleri
Remplacez 200 g de carottes par la même quantité de céleri, que vous ferez également cuire, à part, à la vapeur pendant 15 min.

Flans de brocolis
Remplacez les carottes par la même quantité de brocolis cuits à la vapeur. Vous pouvez aussi utiliser du chou romanesco.

Flans de potiron
Remplacez les carottes par la même quantité de potiron cuit à la vapeur. Remplacez le cerfeuil par 1 bouquet de coriandre.

Sauce au cerfeuil
Faites revenir 2 échalotes avec du beurre, ajoutez 1/2 bouquet de cerfeuil haché, 30 cl de crème fraîche et 1 pincée de noix muscade. Portez la sauce à ébullition. Servez-la avec les flans.

FLANS DE CAROTTES AU CERFEUIL

Préparation : 20 min • **Cuisson :** 35 min • **Pour 4 personnes**

600 g de carottes • 1 bouquet de cerfeuil • 3 œufs
20 cl de crème fraîche • 1 c. à c. de Maïzena • 20 g de beurre
½ concombre • sel et poivre

- Pelez les carottes, coupez-les en morceaux et faites-les cuire pendant 15 min à la vapeur. Réduisez-les en purée au moulin à légumes en utililsant la grille fine.
- Préchauffez le four à 180 °C.
- Lavez le cerfeuil. Réservez quelques feuilles et ciselez le reste finement.
- Dans un plat creux, battez les œufs avec la crème fraîche, la Maïzena et le cerfeuil. Ajoutez la purée de carottes. Salez et poivrez.
- Répartissez le mélange dans des ramequins beurrés et faites cuire au four pendant 20 min environ.
- Découpez le concombre en très fines tranches à l'aide d'une mandoline.
- Démoulez les flans sur des assiettes et décorez-les avec les tranches de concombre et des feuilles de cerfeuil.

FONDS D'ARTICHAUTS PARFUMÉS À L'ORANGE

Préparation : 15 min • **Cuisson** : 15 min • **Pour 4 personnes**

4 gousses d'ail • 4 c. à s. d'huile d'olive • 8 fonds d'artichauts
1 dosette de safran en poudre • le jus d'1 citron • 2 oranges
1 bouquet de coriandre • sel et poivre

- Épluchez les gousses d'ail et coupez-les en 2 après avoir retiré le germe.
- Faites-les revenir rapidement dans une cocotte, avec l'huile d'olive chaude, sans les laisser colorer.
- Rincez et égouttez les fonds d'artichauts.
- Mettez-les dans la cocotte. Ajoutez la poudre de safran, le jus de citron et un peu d'eau. Salez, poivrez et laissez mijoter à feu doux pendant 5 min environ.
- Épluchez les oranges et séparez les quartiers en retirant les membranes blanches.
- Ajoutez les oranges dans la cocotte et laissez mijoter pendant 5 min environ : le jus doit devenir légèrement sirupeux.
- Servez le plat tiède ou froid, parsemé de coriandre.

Salade de mâche aux artichauts

Disposez les artichauts à l'orange sur un lit de salade de mâche. Ajoutez 1 carotte râpée et arrosez du jus de cuisson refroidi des artichauts.

Fonds d'artichauts aux petits pois

Garnissez les fonds d'artichauts cuits sans orange de 250 g de petits pois en boîte agrémentés de beurre.

Fonds d'artichauts aux champignons

Garnissez les fonds d'artichauts cuits sans orange de 125 g de champignons de Paris revenus à la poêle avec un peu d'huile d'olive et de 1 à 2 c. à s. de sauce béarnaise.

Fonds d'artichauts aux lardons et à la ricotta

Garnissez les fonds d'artichauts cuits sans orange de 100 g de lardons revenus avec 1 oignon rouge émincé et 150 g de ricotta. Saupoudrez de paprika.

Gâteaux de légumes aux olives

Ajoutez 10 à 15 olives noires dénoyautées et tranchées à la préparation aux légumes. Dans ce cas, salez moins.

Gâteaux de légumes au bacon

Remplacez les blinis par des tranches de bacon.

Gâteaux de légumes aux céréales

Remplacez les blinis par des tranches de pain de seigle, de pain au maïs ou de pain à l'épeautre, que vous ferez griller avant utilisation.

Gâteaux de légumes épicés

Pour relever le plat, vous pouvez ajouter à la préparation 2 pincées de piment d'Espelette en poudre, 1 c. à c. de cumin ou encore 1 c. à c. de paprika.

GÂTEAUX DE LÉGUMES DU MIDI

Préparation : 30 min • **Cuisson :** 45 min • **Pour 4 personnes**

1 aubergine • 1 courgette • 1 poivron rouge • 2 oignons • 2 gousses d'ail
6 c. à s. d'huile d'olive • 20 cl de crème fraîche • 100 g de comté râpé
24 petits blinis • 1 bouquet de thym • sel et poivre

- Rincez l'aubergine et la courgette puis coupez-les en rondelles.
- Lavez le poivron, séchez-le et tranchez-le en lanières après avoir retiré les graines et les membranes blanches.
- Épluchez les oignons et l'ail puis émincez-les.
- Faites chauffer 4 c. à s. d'huile d'olive dans une poêle. Versez tous les légumes et faites-les revenir pendant quelques minutes en mélangeant bien. Salez, poivrez et recouvrez avec de l'eau tiède. Laissez mijoter pendant environ 25 min en remuant souvent jusqu'à complète évaporation du liquide.
- Mélangez la crème fraîche et le comté dans un bol.
- Préchauffez le four à 210 °C.
- Préparez les gâteaux de légumes : superposez 1 blini, 1 couche de légumes, du fromage, 1 autre blini, des légumes, du fromage et terminez par 1 blini couvert de fromage, parsemé d'un peu de thym effeuillé.
- Rangez les 4 gâteaux de légumes dans un plat à gratin huilé et faites-les gratiner au four pendant 15 min.
- Répartissez les gâteaux sur 4 assiettes chaudes, avec une branche de thym pour la décoration.

Gâteaux de crème d'aubergine
Remplacez la tapenade par 1 aubergine cuite à la vapeur mixée avec 2 gousses d'ail.

Gâteaux de pesto rosso
Mixez 2 gousses d'ail, 4 brins de basilic, 200 g de tomates séchées, 50 g de pignons de pin, 50 g de parmesan râpé et 10 cl d'huile. Remplacez la tapenade par ce mélange.

Gâteaux de pesto de courgettes
Mixez 2 courgettes cuites à l'eau de 4 à 5 min avec 50 g de parmesan râpé, 30 g de pignons de pin et 10 cl d'huile d'olive. Remplacez la tapenade par ce mélange.

Brochettes de volaille
Sur 4 brochettes, alternez des morceaux de dinde, des oignons nouveaux coupés en 4 et des dés de poivron. Faites cuire au barbecue pendant 15 min. Servez les brochettes avec les gâteaux.

GÂTEAUX DE TAPENADE AUX LÉGUMES FONDANTS

Préparation : 25 min • **Cuisson :** 32 min • **Pour 4 personnes**

7 tomates • 4 courgettes • 1 bouquet de menthe • 1 bouquet de basilic
1 bouquet de persil plat • 10 brins de thym • mie de pain rassis
3 c. à s. d'huile d'olive • 70 g de tapenade noire
130 g de parmesan râpé • sel et poivre

- Lavez les tomates et les courgettes puis coupez-les en rondelles. Salez les tomates puis laissez-les égoutter. Plongez les courgettes pendant 2 min dans de l'eau bouillante, puis égouttez-les.
- Rincez les herbes, essuyez-les et hachez-les finement. Effeuillez le thym. Réservez un peu de persil et de thym.
- Émiettez le pain rassis pour en avoir l'équivalent d'une tasse.
- Préchauffez le four à 200 °C.
- Dans une sauteuse, faites chauffer 2 c. à s. d'huile d'olive et faites revenir pendant 10 min, à feu vif, les tomates et les courgettes. Salez et poivrez.
- Dans une poêle, faites dorer la mie de pain avec le reste d'huile.
- Posez 4 cercles métalliques, de 10 cm de diamètre, sur une plaque allant au four. Garnissez chacun d'eux en alternant des couches de légumes, de tapenade, d'herbes et de parmesan, en terminant par la mie de pain.
- Faites cuire au four pendant 20 min, puis ôtez les cercles et parsemez les gâteaux du reste de persil et de thym.
- Servez chaud ou froid.

MARINADE DE CONCOMBRES ET D'OIGNONS

Préparation : 40 min • **Cuisson :** 5 min • **Pour 4 petits pots**

2 concombres • 4 oignons violets • 2 poignées de gros sel
10 glaçons • 40 cl de vinaigre blanc • 35 g de sucre
1 c. à s. de graines de moutarde • ½ c. à s. de graines de céleri

- Lavez les concombres et épluchez les oignons. Coupez le tout en fines rondelles.

- Étalez 2 grands torchons en coton blanc sur le plan de travail. Déposez sur chacun l'équivalent d'un concombre et de 2 oignons. Mélangez les ingrédients avec une poignée de gros sel, posez 5 glaçons par-dessus puis attachez chaque paquet avec une ficelle.

- Suspendez les miniballots pendant 12 h de façon que l'eau puisse s'écouler.

- Le lendemain, stérilisez les pots, et répartissez-y le mélange concombres/oignons.

- Dans une casserole, portez à ébullition le vinaigre, le sucre, les graines de moutarde et de céleri. Remuez jusqu'à la dissolution du sucre. Laissez bouillir pendant 5 min et laissez tiédir.

- Répartissez la marinade dans les pots.

- Fermez les pots et attendez une dizaine de jours avant de déguster la marinade.

Marinade de chou-fleur et de carottes
Remplacez les concombres et les oignons par 1 petite tête de chou-fleur dont vous aurez séparé les bouquets et 2 carottes coupées en rondelles, le tout blanchi de 2 à 3 min à l'eau.

Marinade de champignons
Remplacez le concombre et les oignons par 1 kg de champignons de Paris rincés et coupés en 4.

Marinade à la coriandre
Remplacez les graines de moutarde et de céleri par 1 bouquet de coriandre hachée

Marinade aux poivres
Remplacez les graines de moutarde et de céleri par 1 c. à s. de baies roses et 1/2 c. à s. de grains de poivre vert.

Milk-shake aux courgettes
Remplacez les concombres par 2 ou 3 courgettes selon leur taille.

Milk-shake aux tomates
Remplacez l'avocat par 4 tomates pelées et épépinées.

Milk-shake à la ricotta
Pour un mélange plus onctueux, remplacez un des yaourts par 100 g de ricotta.

Milk-shake d'automne
Remplacez les légumes par 300 g de chair de potimarron cuite à la vapeur. Ajoutez 1 c. à c. de noix muscade râpée à la place des herbes.

MILK-SHAKE VERT DE PRINTEMPS

Préparation : 8 min • **Cuisson** : aucune • **Pour 4 personnes**

1 concombre • 1 citron vert • ½ avocat • 2 yaourts brassés nature
1 poignée de roquette • 1 bouquet de menthe • 1 gousse d'ail
1 c. à s. d'huile d'olive • sel

- Lavez le concombre, essuyez-le puis prélevez 4 lanières dans la longueur à l'aide d'un épluche-légumes pour la décoration. Coupez le reste en rondelles et saupoudrez celles-ci d'1 c. à c. de sel. Laissez dégorger pendant 30 min.
- Pelez le citron vert à vif, enlevez les peaux blanches et coupez la pulpe en tous petits dés.
- Pelez l'avocat, détaillez-le également en petits dés et mélangez-le au citron.
- Égouttez le concombre et mixez-le avec les yaourts, la roquette lavée et essorée, une poignée de feuilles de menthe et l'ail épluché et haché. Réservez le milk-shake au réfrigérateur.
- Appliquez les lanières réservées de concombre en spirale sur la paroi intérieure de 4 verres.
- Remplissez les verres de milk-shake très froid et répartissez l'avocat au citron par-dessus. Décorez d'une feuille de roquette et d'un filet d'huile d'olive.

Astuce : les concombres dégorgés au sel sont plus digestes et gagnent en saveur.

Mille-feuille
aux poivrons grillés
Remplacez les aubergines par 3 poivrons épépinés et coupés en lanières, que vous ferez griller au four de la même manière.

Mille-feuille au jambon sec
Découpez 4 tranches de jambon sec en morceaux et déposez-en 1 sur chaque rondelle d'aubergine avant d'ajouter le fromage.

Mille-feuille d'aubergine à l'emmental
Remplacez le fromage de chèvre par des copeaux d'emmental.

Sauce tomate pimentée
Pour relever un peu le plat, mélangez à la sauce tomate 1 piment oiseau finement haché ou 1 pincée de piment de Cayenne.

MILLEFEUILLE D'AUBERGINES, ET DE FROMAGE DE CHÈVRE

Préparation : 20 min • **Cuisson :** 45 min • **Pour 4 personnes**

2 gousses d'ail • 4 c. à s. d'huile d'olive • 850 g de pulpe de tomates en boîte • 1 c. à s. d'origan • 2 grosses aubergines 1 bûche de chèvre • sel et poivre

- Préchauffez le four à 220 °C.
- Épluchez l'ail et hachez-le après avoir ôté le germe.
- Faites chauffer 2 c. à s. d'huile d'olive dans une poêle et faites-y revenir l'ail. Ajoutez la pulpe de tomates et 1 c. à s. d'origan. Mélangez la préparation et laissez mijoter doucement pendant 20 min environ, après avoir salé et poivré.
- Pendant ce temps, lavez les aubergines et coupez-les en rondelles d'1 cm d'épaisseur.
- Répartissez ces rondelles sur la plaque du four bien huilée et arrosez-les d'un peu d'huile.
- Enfournez la plaque et laissez griller la préparation de 15 à 20 min.
- À la sortie du four, salez et poivrez.
- Découpez le fromage en rondelles. Sur chaque rondelle d'aubergine, déposez 1 rondelle de fromage. Remettez le plat au four jusqu'à ce que le fromage soit fondu (de 4 à 5 min)
- Montez des mille-feuilles dans 4 assiettes.
- Arrosez-les de sauce tomate bien chaude et servez aussitôt.

MOUSSE DE POIS CASSÉS AU JAMBON CROUSTILLANT

Préparation : 10 min • **Cuisson :** 2 h • **Pour 4 personnes**

125 g de crème fleurette • 300 g de pois cassés • 1 bouquet garni
1 oignon • 2 tranches de jambon cru • 1 c. à s. d'huile d'olive • sel

- Placez la crème fleurette au réfrigérateur avec le bol du batteur.
- Mettez les pois cassés dans une casserole avec le bouquet garni et l'oignon épluché. Couvrez d'eau, portez à ébullition, salez et laissez cuire doucement pendant 2 h. Rajoutez de l'eau en cours de cuisson si nécessaire.
- Égouttez les ingrédients, retirez le bouquet garni puis mixez finement. Laissez refroidir au réfrigérateur.
- Montez la crème fleurette en chantilly et incorporez-la à la purée de pois. Répartissez la préparation dans des verres ou des coupes.
- Découpez des lanières dans les tranches de jambon et faites-les griller doucement dans une poêle antiadhésive, avec l'huile, jusqu'à ce qu'elles soient croustillantes.
- Au moment de servir, répartissez les lanières de jambon grillées dans les verres.

Mousse de pois chiches

Pour une préparation express, remplacez les pois cassés par 300 g de pois chiches en boîte, que vous ferez cuire de la même façon pendant 15 min.

Mousse au bacon ou au lard fumé

Remplacez le jambon par 4 tranches de lard fumé grillées et coupées en lanières.

Mousse de pois cassés à la betterave

Ajoutez à la purée de pois 1/2 betterave coupée en petits dés revenus à la poêle de 2 à 3 min.

Caramel de betterave

Dans une casserole, faites chauffer 60 g de sucre pour faire un caramel. Ajoutez 4 c. à s. de vinaigre de xérès et 1 betterave cuite coupée en dés, couvrez et laissez cuire pendant 5 min à feu doux. Mixez la préparation et laissez refroidir. Nappez la mousse de caramel.

PITA AU POULET

Préparation : 10 min • **Cuisson :** 10 min • **Pour 4 personnes**

1 gousse d'ail • 2 yaourts • 3 tomates • 1 petite courgette
4 feuilles de salade • 1 oignon • 200 g de blanc de poulet
2 c. à s. d'huile d'olive • 4 pains pita • sel et poivre

- Épluchez l'ail et hachez-le après avoir retiré le germe.
- Mélangez-le avec les yaourts, salez et poivrez.
- Lavez et égouttez les légumes. Émincez les feuilles tendres de la salade. Taillez la courgette et les tomates en fines rondelles. Pelez l'oignon et émincez-le finement.
- Coupez le poulet en lamelles et faites cuire celles-ci à la poêle dans l'huile. Salez, poivrez.
- Remplissez les pains pita avec les légumes, le poulet et la sauce. Arrosez d'un filet d'huile d'olive et dégustez.

Pita au poulet mariné aux épices
Mélangez 1 gousse d'ail hachée, 1 c. à c. de gingembre, 1 c. à c. de Garam Massala, 1 c. à c. de coriandre moulue, le jus d'1 citron et du sel. Laissez mariner les lamelles de poulet dans cette sauce pendant 12 h avant de les faire cuire.

Pita au porc
Remplacez le poulet par des restes de rôti de porc revenus à la poêle avec 1 c. à c. de paprika.

Pita aux crevettes
Remplacez le poulet par 300 g de crevettes cuites décortiquées.

Sauce à la ciboulette
Remplacez l'ail par 1/2 bouquet de ciboulette ciselée.

Poivrons farcis à la brousse et aux sardines
Mélangez 400 g de sardines à l'huile grossièrement écrasées avec 300 g de brousse, 2 ou 3 échalotes hachées, 1 c. à c. de raifort, du sel et du poivre. Garnissez les poivrons de ce mélange.

Poivrons farcis à la quinoa
Remplacez la pomme de terre et la carotte par 100 g de quinoa, que vous ferez cuire pendant 10 min dans de l'eau bouillante salée.

Poivrons farcis au poulet
Remplacez le thon par 200 g de filet de poulet cuit à la poêle et effiloché.

Autres légumes farcis
Vous pouvez farcir des tomates, des oignons, des champignons ou des courgettes rondes avec ce mélange.

POIVRONS FARCIS

Préparation : 10 min • **Cuisson :** 30 min • **Pour 4 personnes**

4 poivrons verts • 1 carotte • 1 pomme de terre • 1 piment vert
1 tomate • 1 grande boîte de thon au naturel • 2 c. à s. de mayonnaise
8 fines tranches d'emmental • sel et poivre

- Lavez les poivrons et épépinez-les.
- Pelez la carotte et la pomme de terre puis coupez-les en morceaux.
- Lavez le piment, coupez-le et épépinez-le.
- Mettez le tout dans une casserole et faites cuire dans de l'eau bouillante pendant 15 min.
- Laissez tiédir, puis mélangez la préparation avec le thon et la mayonnaise. Salez et poivrez.
- Préchauffez le four à 180 °C.
- Lavez la tomate et coupez-la en rondelles.
- Garnissez chaque poivron, d'abord avec 2 tranches de fromage en les laissant dépasser de chaque côté, puis avec la farce aux légumes, enfin couvrez avec 1 rondelle de tomate.
- Faites cuire les poivrons farcis au four pendant 15 min environ, jusqu'à ce que le fromage soit doré.

Potage d'automne au potimarron
Remplacez les poireaux et les carottes par 300 g de chair de potimarron, que vous couperez en dés.

Potage d'automne aux lardons
Faites revenir 200 g de lardons à la poêle sans matières grasses. Parsemez-en le potage juste avant de servir.

Potage d'automne aux légumes oubliés
Remplacez les différents légumes par une quantité équivalente de panais, de rutabagas, de courges et/ou de pâtissons.

Espuma de safran
Faites chauffer 15 cl de bouillon de poule, ajoutez quelques filaments de safran et laissez infuser pendant 1 h. Ajoutez 15 cl de crème liquide. Filtrez la préparation, versez-la dans un siphon et décorez-en le potage.

POTAGE D'AUTOMNE

Préparation : 20 min • **Cuisson :** 32 min • **Pour 4 personnes**

1 oignon • 2 poireaux • 3 pommes de terre • 2 carottes • 2 navets
4 c. à s. d'huile d'olive • 2 c. à s. de crème épaisse • sel et poivre

- Épluchez tous les légumes. Émincez l'oignon et les poireaux. Coupez les pommes de terre, les carottes et les navets en morceaux.
- Faites revenir l'oignon, les poireaux, les carottes et les navets dans une sauteuse avec l'huile pendant 2 min.
- Ajoutez les pommes de terre et 2 l d'eau. Mélangez et portez à frémissement. Salez, poivrez et laissez cuire pendant 30 min.
- Mixez le mélange jusqu'à l'obtention d'un velouté. Ajoutez la crème et mélangez délicatement.
- Faites réchauffer avant de servir.

Quiche aux brocolis
Remplacez les carottes et la courgette par 250 à 300 g de brocolis.

Tatin de légumes paysanne
Supprimer la sauce béchamel et le fromage de la recette. Mettez les légumes dans un plat à tarte beurré, recouvrez-les d'une pâte brisée et faites cuire au four pendant 20 min.

Quiche végétarienne
Supprimer les lardons de la recette et remplacez-les par 3 ou 4 échalotes cuites à feu très doux pendant 15 min.

Pas de pâte à pain ?
Vous pouvez acheter de la pâte à pain en boulangerie. À défaut, utilisez un rouleau de pâte brisée.

QUICHE PAYSANNE

Préparation : 20 min • **Cuisson :** 35 min • **Pour 4 personnes**

2 carottes • 1 belle courgette • 2 petits poireaux • 15 g de beurre
300 g de pâte à pain • 25 cl de sauce béchamel en brique
100 g de lard fumé en fines tranches • 50 g de fromage râpé
2 c. à c. d'origan • 2 c. à c. de thym • sel et poivre

- Préchauffez le four à 200 °C.
- Épluchez les carottes et coupez-les en fines rondelles, puis coupez celles-ci en 2.
- Lavez la courgette et coupez-la en petits tronçons, sans l'éplucher.
- Nettoyez les poireaux et coupez-les en fines rondelles.
- Faites revenir tous ces légumes dans le beurre chaud et laissez-les étuver, à couvert, pendant 15 min.
- Ajoutez l'origan et remuez. Salez légèrement et poivrez.
- Beurrez un moule à tarte et étalez-y la pâte à pain. Répartissez les légumes sur la pâte et nappez-la de sauce béchamel.
- Recouvrez le tout avec les tranches de lard fumé et faites cuire au four pendant 20 min.
- Saupoudrez de fromage râpé et de thym et passez la quiche sous le gril du four pendant quelques instants.
- Servez chaud ou tiède.

Rouleaux en orange et vert
Remplacez les tomates par 2 petites carottes râpées et utilisez du persil plat à la place de la coriandre.

Rouleaux au vermicelle
Remplacez le fromage de chèvre par 200 g de vermicelles de riz chinois cuits à l'eau et refroidis.

Rouleaux au jambon blanc
Remplacez les crevettes par 4 tranches de jambon blanc coupé en lanières.

Rouleaux à la menthe et au soja
Remplacez la tomate par 100 g de germes de soja et utilisez des feuilles de menthe fraîche à la place de la coriandre.

ROULEAUX DE PRINTEMPS AUX CREVETTES ET AU CHÈVRE

Préparation : 20 min • **Cuisson :** aucune • **Pour 4 personnes**

200 g de crevettes • 3 c. à s. de sauce soja • 8 galettes de riz
1 petit bouquet de coriandre • 200 g de fromage de chèvre frais
2 tomates • sel et poivre

- Décortiquez les crevettes, coupez-les en 2 et mettez-les dans un petit saladier. Arrosez-les de sauce soja et mélangez bien.

- Lavez les tomates puis coupez-les en petits dés en éliminant les pépins. Versez les dés dans un bol, salez, remuez et laissez égoutter.

- Trempez les galettes de riz dans de l'eau froide, puis empilez-les à plat entre 2 linges humides.

- Rincez la coriandre puis séchez-la avec du papier absorbant. Conservez quelques brins entiers et ciselez finement les feuilles restantes.

- Écrasez le fromage frais à la fourchette dans un saladier. Ajoutez les dés de tomates, la coriandre ciselée et les crevettes puis poivrez et mélangez bien.

- Garnissez le centre de chaque galette avec ce mélange puis roulez-les toutes, repliez-les et fixez-les avec 1 ou 2 petites piques en bois.

- Recouvrez les rouleaux de printemps de film alimentaire et réservez-les au frais pendant 1 h.

- Servez les rouleaux de printemps bien frais, après les avoir décorés avec des brins de coriandre.

SALADE D'ORANGES AUX OIGNONS ROUGES

Préparation : 20 min • **Cuisson** : 2 min • **Pour 4 personnes**

4 oranges douces • 2 oignons rouges • le jus de 2 citrons
2 c. à s. d'huile • 1 c. à s. de miel liquide
2 c. à s. de pistaches décortiquées

- Pelez les oranges à vif, en mordant dans la chair de façon à éliminer les peaux blanches, puis coupez-les en fines rondelles et ôtez les pépins.
- Épluchez les oignons et coupez-les en rondelles, en détachant les anneaux.
- Disposez les rondelles d'oranges dans des coupelles individuelles et mettez les rondelles d'oignons par-dessus.
- Préparez la sauce dans un bol : fouettez le jus de citron avec l'huile et le miel liquide.
- Répartissez cette sauce sur les oranges et les oignons puis recouvrez chaque coupelle de film alimentaire et placez au réfrigérateur pour au moins 2 h.
- Faites griller les pistaches dans une poêle, sans matière grasse, puis laissez refroidir.
- Avant de servir, répartissez les pistaches sur la salade juste sortie du réfrigérateur.

Salade de pamplemousse aux amandes
Remplacez les oranges par 2 beaux pamplemousses roses et utilisez des amandes effilées grillées à sec à la place des pistaches.

Salade d'oranges au céleri
Utilisez seulement 2 oranges et ajoutez 1/2 céleri boule râpé. Parsemez la salade de brins d'aneth.

Salade d'oranges au fenouil et à la tomate
Utilisez seulement 2 oranges et ajoutez 1 bulbe de fenouil coupé en lanières ainsi qu'1 tomate coupée en dés.

Salade d'oranges aux dattes
Assaisonnez la salade avec 2 c. à s. d'huile de noix et 2 c. à s. de sucre roux. Parsemez la salade de 12 dattes coupées en 4.

Salade de chou-fleur au jambon
Remplacez les brocolis par la même quantité de fleurettes de chou-fleur décongelées et cuites à l'eau ou à la vapeur.

Salade de brocolis aux tomates et aux herbes
Remplacez les figues par 4 tomates coupées en dés. Parsemez la salade d'herbes de Provence.

Salade de brocolis au lard et au maïs
Remplacez les figues par 225 g d'épis de maïs en boîte et utilisez des tranches de lard fumé cuites à la poêle à sec à la place du jambon.

Salade de brocolis à la crème et aux amandes
Remplacez la sauce par 20 cl de crème fraîche épaisse mélangée à 1 c. à s. de ciboulette ciselée. Parsemez la salade d'amandes effilées.

SALADE DE BROCOLIS AU JAMBON SEC

Préparation : 20 min • **Cuisson :** 15 min • **Pour 4 personnes**

1 kg de brocolis, en fleurettes, surgelés • 4 figues fraîches
4 tranches fines de jambon sec • 4 c. à s. d'huile d'olive
le jus d'1 citron • sel et poivre

- Faites cuire les brocolis, en suivant les indications de l'emballage. Égouttez-les et laissez-les refroidir.
- Lavez les figues, séchez-les puis ôtez les queues et coupez chaque fruit en 2.
- Enlevez la couenne du jambon et « chiffonnez » chaque tranche.
- Dans un bol, mettez l'huile d'olive, le jus de citron, du sel et du poivre. Mélangez bien en fouettant.
- Disposez les brocolis dans un saladier. Versez la sauce par-dessus et mélangez délicatement.
- Répartissez ensuite les figues et la chiffonnade de jambon par-dessus avant de servir.

SALADE DE CŒUR DE BLÉ AUX CREVETTES

Préparation : 20 min • **Cuisson :** 10 min • **Pour 4 personnes**

2 échalotes • 1 bouquet de coriandre • 12 tomates cerises
250 g de cœur de blé • 800 g de crevettes cuites • le jus d'1 citron
huile d'olive • sel et poivre

- Épluchez les échalotes et coupez-les finement.
- Rincez la coriandre, puis séchez et ciselez ses feuilles.
- Lavez les tomates cerises et coupez-les en 2.
- Faites cuire le cœur de blé selon les indications données sur le paquet et égouttez-le.
- Décortiquez entièrement les crevettes, à l'exception de 4, dont vous conserverez la queue.
- Mélangez les crevettes décortiquées avec le blé égoutté puis ajoutez les tomates, les échalotes et la coriandre.
- Arrosez le tout d'huile d'olive et de jus de citron. Salez, poivrez et mélangez puis mettez, sur le dessus, les crevettes avec queue.
- Servez tiède ou froid.

Cœur de blé aux moules
Remplacez les crevettes par la même quantité de moules cuites décoquillées surgelées et décongelées.

Cœur de blé au thon
Remplacez les crevettes par 2 boîtes de thon au naturel émietté à la fourchette. Utilisez 2 c. à s. d'huile d'olive à la place de l'huile et du jus de citron.

Cœur de blé végétarien
Remplacez les crevettes par 2 carottes râpées et 300 g de courgettes râpées. Ajoutez 150 g de dés d'emmental.

Autres céréales
À défaut de cœur de blé, vous pouvez utiliser du riz, des pâtes, de la quinoa ou un mélange de céréales gourmands.

Fenouil à l'orange
Remplacez les pamplemousses par 5 ou 6 oranges.

Fenouil aux radis
Remplacez les pamplemousses par 20 radis roses coupés en 4. Supprimez le miel de la vinaigrette.

Fenouil au roquefort
Mélangez 3 bulbes de fenouil cuits à la vapeur pendant 5 min et coupés en lamelles avec 150 g de roquefort, 15 cl de crème liquide et 50 g de noix hachées. Servez frais.

Brochettes d'agneau
Enfilez 600 g de viande d'agneau coupée en dés et marinés avec 3 c. à s. d'huile d'olive et 2 c. à c. de paprika sur des piques en les alternant avec des quarts d'oignons rouges. Servez avec la salade en plat principal.

SALADE DE FENOUIL AU PAMPLEMOUSSE

Préparation : 20 min • **Cuisson** : aucune • **Pour 4 personnes**

2 bulbes de fenouil assez gros • 1 oignon rouge • 3 pamplemousses roses
1 brin de romarin • le jus d'1 petit citron • 1 c. à s. de miel liquide
4 c. à s. d'huile d'olive • quelques brins de coriandre • sel et poivre

- Préparez le fenouil : gardez la partie verte, retirez les feuilles dures et épaisses et coupez en dés la partie tendre et le cœur.
- Épluchez l'oignon, coupez-le en fines rondelles puis recoupez celles-ci en 4.
- Pelez les pamplemousses à vif avec un couteau (il ne doit pas rester de membranes blanches), puis détachez les quartiers et recoupez-les en 4.
- Déposez ces morceaux de pamplemousse dans un saladier, avec l'oignon, le fenouil et des feuilles de romarin.
- Mélangez le jus de citron avec le miel, du sel et du poivre, puis ajoutez l'huile d'olive, goutte à goutte, en remuant bien.
- Arrosez les fruits et les légumes avec cette sauce, mélangez-les et mettez-les au réfrigérateur pour 1 h après avoir recouvert le saladier de film alimentaire.
- Juste avant de servir la salade, parsemez-la de coriandre et de vert de fenouil ciselés.

SALADE DE PENNES, SAUCE AUX ANCHOIS

Préparation : 25 min • **Cuisson :** 10 min • **Pour 6 personnes**

500 g de pennes • 15 filets d'anchois à l'huile • 20 tomates cerises
2 c. à s. de câpres au vinaigre • 100 g d'olives noires dénoyautées
2 gousses d'ail • 2 c. à s. de jus de citron • 2 c. à s. de vinaigre de vin
2 c. à s. d'huile d'olive • quelques copeaux de parmesan
quelques feuilles de basilic • sel et poivre

- Faites cuire les pâtes al dente en suivant les indications sur le paquet.
- Égouttez les filets d'anchois et écrasez-les à l'aide d'un pilon.
- Rincez les tomates, séchez-les puis coupez-les en 2. Déposez-les dans un saladier avec les câpres et les olives.
- Épluchez l'ail et hachez-le après avoir retiré le germe.
- Dans un bol, mélangez le jus de citron, le vinaigre, l'huile d'olive et l'ail haché.
- Versez les pâtes égouttées, encore chaudes, dans le saladier.
- Ajoutez la sauce et les anchois écrasés. Poivrez, mélangez bien et mettez le plat à rafraîchir.
- À la sortie du réfrigérateur, remuez délicatement la salade et décorez-la de copeaux de parmesan et de feuilles de basilic, puis servez-la.

Pennes au saumon
Remplacez les anchois par 1 petite boîte de saumon au naturel émietté.

Pennes aux crevettes
Remplacez les câpres, les tomates, le parmesan et le basilic par environ 200 g de petites crevettes roses décortiquées.

Pennes au surimi
Remplacez les anchois par 8 bâtonnets de surimi coupés en rondelles. Remplacez les câpres et les tomates par 1 petite boîte de cœurs de palmier égouttés et 1 poivron rouge pelé et coupé en lamelles.

Sauce au chèvre
Remplacez les anchois et les ingrédients de la sauce par 2 crottins de Chavignol mixés avec 15 cl de crème liquide et 1 c. à c. d'herbes de Provence. Supprimez les câpres.

Salade de pommes de terre et poireaux
Remplacez la moitié des poireaux par 3 pommes de terre cuites à l'eau pendant 20 min puis pelées et coupées en morceaux.

Salade de poireaux aux lardons
Remplacez les crevettes par 300 g de lardons fumés cuits à la poêle sans matières grasses.

Crevettes marinées
Faites mariner les crevettes pendant au moins 2 h dans 3 c. à s. d'huile d'olive et 2 c. à s. de miel mélangés à 1 c. à c. de gingembre moulu. Faites-les cuire pendant 3 min à la poêle avant de servir.

Sauce au curcuma
Remplacez la vinaigrette par 20 cl de crème fraîche mélangée à 1,5 c. à c. de curcuma en poudre, le tout chauffé pendant 5 min à feu doux. Supprimez l'aneth.

SALADE DE POIREAUX AUX CREVETTES

Préparation : 20 min • **Cuisson :** 25 min • **Pour 4 personnes**

1 belle botte de poireaux (pas trop gros) • 500 g de crevettes
1 bouquet d'aneth • 1 petit morceau de gingembre frais
4 c. à s. d'huile d'olive • 5 c. à s. de vinaigre balsamique
sel et poivre

- Nettoyez les poireaux : enlevez les feuilles extérieures trop épaisses, lavez les blancs soigneusement puis ficelez-les en petites bottes.
- Plongez les poireaux dans une casserole d'eau bouillante, et laissez cuire pendant 25 min environ (les poireaux doivent rester croquants). Égouttez-les et laissez-les refroidir.
- Décortiquez les crevettes.
- Rincez l'aneth, séchez-le, réservez quelques tiges entières et ciselez le reste.
- Râpez le gingembre après l'avoir pelé.
- Avec un couteau bien tranchant coupez les poireaux en rondelles.
- Préparez la vinaigrette : mélangez l'huile d'olive et le vinaigre balsamique puis ajoutez l'aneth et le gingembre, du sel et du poivre.
- Mettez les poireaux dans un saladier, posez les crevettes par-dessus et arrosez de vinaigrette.
- Servez la salade bien fraîche décorée de brins d'aneth.

Pois chiches au cumin
Ajoutez 3 c. à c. de cumin en poudre, 2 c. à c. de Ras-el-hanout et 1 pincée de piment de Cayenne à la préparation.

Pois chiches et poivron
Faites griller la peau d'1 poivron rouge sous le gril puis pelez-le et coupez-le en lanières. Ajoutez celles-ci à la salade avec les oignons.

Pois chiches et pommes de terre
Remplacez le thon par 3 pommes de terre cuites à l'eau, puis pelées et coupées en morceaux.

Pois chiches au poisson blanc
Remplacez le thon par 1 beau filet de perche cuit à l'eau pendant 10 min, puis refroidi et effiloché.

SALADE DE POIS CHICHES AU THON

Préparation : 10 min • **Cuisson** : 15 min • **Pour 6 personnes**

2 gousses d'ail • 2 petits piments rouges marinés
1 grande boîte de pois chiches • 1 oignon • le jus d'1 citron
3 c. à s. d'huile d'olive • 1 grande boîte de thon au naturel
persil plat • sel

- Épluchez l'ail et hachez-le après avoir retiré le germe. Émincez les piments.
- Dans une casserole, faites chauffer 10 cl d'eau et le contenu égoutté et rincé de la boîte de pois chiches.
- Ajoutez l'ail, l'oignon, le piment, le jus de citron et l'huile, et laissez cuire à feu doux pendant quelques minutes.
- Retirez la casserole du feu, ajoutez le thon en morceaux et salez légèrement. Laissez tiédir.
- Épluchez l'oignon et coupez-le en rondelles.
- Servez la salade et son jus dans des assiettes creuses. Parsemez-la de rondelles d'oignon et de quelques feuilles de persil plat entières ou ciselées.

Poulet pané
Passez les blancs de poulet dans 1 œuf battu puis dans de la chapelure avant de les faire cuire.

Laitue au poulet
Remplacez les feuilles de chou par les feuilles d'1 petite laitue lavée et égouttée.

Salade de tofu au chou
Pour un repas végétarien, remplacez le poulet par 1 bloc de tofu aux herbes coupé en dés.

Raïta de poivron
Faites revenir 1/2 poivron rouge coupé en dés avec 1 échalote, ajoutez 1 tomate coupée en dés, 1 c. à c. de curcuma et du sel. Mixez le tout avec 1 yaourt brassé nature. Servez très frais à la place de la vinaigrette.

SALADE DE POULET AU CHOU

Préparation : 14 min • **Cuisson :** 40 min • **Pour 4 personnes**

3 blancs de poulet • 10 grandes feuilles de chou vert
4 c. à s. d'huile d'olive • 2 pommes rouges • le jus d'1/2 citron
100 g de cerneaux de noix • 2 c. à s. d'huile de noix • 2 c. à s. d'huile de tournesol • 2 c. à s. de vinaigre de xérès • sel et poivre

- Coupez les blancs de poulet en tranches fines.
- Faites-les cuire à la poêle avec un peu d'huile d'olive pendant 15 min. Salez et poivrez.
- Nettoyez les feuilles de chou. Faites-les cuire pendant 15 min dans de l'eau bouillante salée, puis égouttez-les. Coupez 6 feuilles de chou en lanières et gardez les 4 autres entières.
- Faites revenir dans l'huile d'olive les feuilles coupées pendant 10 min. Salez et poivrez.
- Coupez les pommes en tranches fines, après les avoir lavées, et arrosez-les avec le jus de citron. Écrasez les noix grossièrement.
- Préparez une vinaigrette en mélangeant les huiles de noix et tournesol. Mélangez bien avec le vinaigre de xérès, du sel et du poivre.
- Tapissez les parois d'un saladier avec les feuilles de chou entières.
- Dans un autre récipient, mélangez le chou coupé, le poulet, les pommes et les noix et arrosez le tout de vinaigrette.
- Servez la salade dans le saladier tapissé de feuilles de chou.

SALADE DE RIZ PROVENÇALE

Préparation : 15 min • **Cuisson :** 20 min • **Pour 4 personnes**

250 g de riz long • ½ concombre • 2 tomates • 1 branche de céleri
3 ou 4 oignons frais • 3 ou 4 brins de ciboulette • 2 c. à s. de vinaigre
2 c. à s. d'huile d'olive • parmesan râpé • sel et poivre

- Faites cuire le riz dans de l'eau bouillante salée selon le temps indiqué sur le paquet.
- Épluchez le concombre, coupez-le en 2 et épépinez-le. Lavez les tomates et coupez-les en 4 puis enlevez les graines. Coupez ces 2 légumes en petits cubes.
- Lavez le céleri et coupez-le en lamelles.
- Épluchez les oignons et émincez-les tout en gardant la tige.
- Lavez la ciboulette, séchez-la et ciselez-la.
- Dans un bol, mélangez le vinaigre, du sel et du poivre, ajoutez progressivement l'huile en fouettant avec une fourchette, puis ajoutez la ciboulette ciselée et un peu de parmesan.
- Dans un saladier, mélangez doucement le riz, tous les légumes et la sauce.
- Servez frais.

Salade de quinoa
Remplacez le riz par la même quantité de quinoa cuit à l'eau.

Salade de riz aux anchois
Agrémentez la salade de 10 petits anchois en boîte. Vous pouvez aussi utiliser des sardines.

Salade de riz au thon
Mélangez 250 g de riz cuit avec 1 boîte de thon au naturel émietté, 1 petite boîte de grains de maïs, 1 petite boîte de champignons de Paris émincés et 3 c. à s. de mayonnaise.

Salade de riz italienne
Mélangez 250 g de riz cuit avec 4 tranches de jambon sec coupées en dés, 16 tomates cerises, 16 tomates séchées et 8 poivrons grillés coupés en morceaux. Arrosez de vinaigre balsamique.

SAMOUSSAS DE SAUMON AU LARD FUMÉ

Préparation : 20 min • **Cuisson** : 20 min • **Pour 4 personnes**

2 grandes feuilles de chou frisé • 4 pavés de saumon de 100 g
50 g de beurre • 4 feuilles de brick • 4 tranches fines de lard fumé
sel et poivre

- Lavez les feuilles de chou. Séparez les deux lobes de chaque feuille et éliminez la côte centrale.
- Faites pocher tour à tour dans 1 l d'eau légèrement salée les feuilles de chou pendant 1 min puis les pavés de saumon pendant 5 min. Égouttez bien le saumon et séchez les feuilles de chou en les pressant légèrement entre deux feuilles de papier absorbant.
- Préchauffez le four à 180 °C.
- Faites fondre le beurre.
- Enduisez au pinceau chaque feuille de brick avec un peu de beurre fondu.
- Saupoudrez de poivre les tranches de lard fumé.
- Entourez chaque pavé de saumon d'1 tranche de lard, puis d'1/2 feuille de chou et déposez l'ensemble au centre de chaque feuille de brick. Rabattez les bords pour former des petits paquets. Enduisez ceux-ci avec le reste du beurre et déposez-les sur une plaque recouverte de papier cuisson.
- Faites cuire au four de 10 à 15 min.
- Servez très chaud.

Sauce hollandaise

Portez à ébullition environ 2 c. à s. de vinaigre avec 1 c. à s. d'eau et 1 feuille de laurier. Poivrez et laissez réduire. Mélangez avec 3 jaunes d'œufs cuits au bain-marie. Incorporez 200 g de beurre en morceaux. Salez et fouettez. Servez avec les samossas.

Samoussas de julienne au lard

Remplacez le saumon par 4 filets de julienne cuits à l'eau pendant 6 min.

Samoussas de légumes au safran

Faites cuire 200 g de courgettes et 200 g de carottes râpées à l'huile pendant 10 min. Salez, et ajoutez 1 c. à c. de safran. Farcissez les bricks de ce mélange.

Samoussas de fromage aux herbes

Mélangez 150 g de fromage frais avec 50 g d'emmental râpé, 1/2 bouquet de ciboulette et 1/2 bouquet de basilic hachés. Farcissez les bricks de ce mélange.

Soufflés anisés à l'aneth
Remplacez l'estragon par de l'aneth finement haché.

Soufflés aux épinards
Remplacez les têtes d'ail par 300 g d'épinards surgelés décongelés et ajoutez 1 pincée de noix muscade à la place du pastis. Faites cuire dans des moules antiadhésifs.

Soufflés aux carottes
Remplacez les têtes d'ail par 600 g de carottes cuites à l'eau et écrasées en purée. Faites cuire dans des moules antiadhésifs.

Salade de mâche
Servez les soufflés en plat principal avec 1 salade de mâche agrémentée de pommes, de grains de maïs et de rondelles d'oignons rouges. Assaisonnez avec de l'huile de noix et du vinaigre de cidre.

SOUFFLÉS ANISÉS D'AIL NOUVEAU

Préparation : 20 min • **Cuisson :** 38 min • **Pour 4 personnes**

2 têtes d'ail nouveau • beurre • ½ bouquet d'estragon • 20 cl de crème 1 c. à s. de Maïzena • 2 œufs • 1 c. à s. de pastis • sel et poivre

- Lavez et séchez les têtes d'ail. Coupez-les à 1 cm de la base et à 1 cm du sommet. Récupérez les gousses avec leur première peau, mais sans déchirer les peaux externes : on obtient ainsi 2 anneaux que l'on dédouble pour faire 4 petits moules.
- Posez-les au fond de 4 ramequins beurrés.
- Lavez l'estragon, essuyez-le et hachez-le finement.
- Plongez les gousses avec leur peau dans une casserole d'eau bouillante salée et comptez 3 min à partir de la reprise de l'ébullition ; égouttez-les et mixez-les avec la crème.
- Versez le mélange dans une petite casserole et laissez mijoter doucement pendant 5 min avec du sel et du poivre.
- Préchauffez le four à 150 °C.
- Arrêtez le feu et incorporez aussitôt, en fouettant, la Maïzena, les jaunes d'œufs, le pastis et l'estragon haché. Le mélange doit épaissir un peu.
- Battez les blancs en neige ferme et incorporez-les sans les briser au mélange précédent.
- Versez la préparation dans les moules et faites cuire au four pendant environ 30 min. Servez les soufflés aussitôt.

Soupe express au poulet
Faites réchauffer 1 sachet de soupe surgelé aux légumes verts. Ajoutez le poulet coupé en lanières et revenu à la poêle avec du beurre.

Soupe de potimarron au poulet
Remplacez les endives par 1/2 potimarron pelé, coupé en morceaux et revenu à la poêle pendant 10 min avec 1 filet d'huile d'olive.

Soupe de bettes à la dinde
Faites cuire 1 kg de bettes hachées avec 1 oignon revenu à la poêle dans 50 cl d'eau. Mixez le mélange. Salez et poivrez. Servez avec des dés de dinde grillés.

Salade d'endives au poulet
Mélangez dans un saladier les endives coupées en rondelles, la pomme de terre cuite à l'eau coupée en dés et 120 g de filet de poulet. Assaisonnez la salade d'huile de noix et de vinaigre blanc.

SOUPE AU POULET

Préparation : 30 min • **Cuisson :** 30 min • **Pour 4 personnes**

60 g de filet de poulet • 1 grosse pomme de terre • 2 endives
4 tranches de bacon • 20 g de beurre • 50 cl de lait
ciboulette • sel et poivre

- Coupez le poulet en petits morceaux.
- Pelez la pomme de terre et coupez-la en morceaux.
- Rincez les endives et émincez-les.
- Émincez 2 tranches de bacon. Coupez les 2 autres en lanières
- Dans une poêle, faites revenir les endives émincées et le beurre pendant quelques minutes avant d'ajouter les filets de poulet, la pomme de terre, le bacon émincé et le lait. Salez, poivrez, portez à ébullition et laissez mijoter pendant 20 min environ.
- Mixez le mélange. S'il est trop épais à votre goût, diluez-le avec un peu d'eau jusqu'à obtention de la texture désirée et réchauffez celle-ci.
- Pendant ce temps, faites griller les lanières de bacon à la poêle sans matières grasses.
- Présentez la soupe décorée avec des morceaux de bacon grillé et de la ciboulette ciselée.

SOUPE DE FÈVES AUX LARDONS

Préparation : 15 min • **Cuisson :** 33 min • **Pour 4 personnes**

4 tomates • 1 kg de fèves fraîches • 6 oignons nouveaux
200 g de lardons fins • 1 c. à s. d'huile d'olive • 1 feuille de laurier
1 brin de sarriette • sel et poivre

- Ébouillantez les tomates pendant 1 min, pelez-les, épépinez-les et coupez-les en petits dés.
- Écossez les fèves, ébouillantez-les pendant 2 min, rafraîchissez-les et ôtez la peau de chaque grain.
- Émincez les oignons nouveaux.
- Faites revenir les lardons dans l'huile d'olive. Quand ils sont bien dorés, ajoutez les oignons, les tomates, la feuille de laurier, la sarriette et couvrez d'eau. Portez à ébullition, puis ajoutez les fèves, salez et poivrez. Laissez cuire sur feu doux pendant 30 min.
- Servez la soupe très chaude.

Croûtons
Coupez 4 tranches de pain de campagne en cubes et faites-les dorer pendant quelques minutes à la poêle avec 30 g de beurre. Servez avec la soupe.

Soupe glacée de fèves au lait de coco
Faites cuire la soupe sans les lardons. Mixez-la, ajoutez 20 cl de lait de coco et mettez la soupe au réfrigérateur pour 4 h.

Soupe de fèves au vermicelle
Faites cuire 1 kg de fèves avec 1 gousse d'ail et 1 piment rouge hachés. En fin de cuisson, ajoutez 1 c. à c. de cumin et 1 poignée de vermicelle fin. Laissez cuire pendant 10 min.

Soupe de fèves aux navets
Faites cuire 750 g de fèves avec 300 g de navets coupés en dés pendant 30 min. Mixez, ajoutez 1 c. à s. de crème fraîche, du sel et du poivre.

Velouté de légumes
Une fois les légumes cuits, mixez-les à l'aide d'un robot. Ajoutez 2 c. à s. de crème fraîche épaisse pour que le mélange soit onctueux.

Soupe de légumes au parmesan
Servez la soupe parsemée de 100 g de parmesan coupé en copeaux.

Soupe verte
Pour une soupe verte, remplacez les carottes et les tomates par 400 g de haricots verts ou de courgettes.

Soupe gratinée
Versez la soupe dans un plat, parsemez-la de croûtons et recouvrez-la d'emmental. Passez le plat sous le gril du four pendant 10 min.

SOUPE DE LÉGUMES À L'AIL

Préparation : 40 min • **Cuisson :** 1 h 50 • **Pour o personnes**

*½ laitue • ½ chou vert • 5 feuilles de bette • 2 branches de céleri
2 pommes de terre • 3 carottes • 3 tomates • 2 gousses d'ail
2 oignons • 1 bouquet de persil plat • 5 c. à s. d'huile d'olive
4 tablettes de bouillon de pot-au-feu • 250 g de petits pois surgelés
6 tranches de pain coupé en morceaux*

- Nettoyez la salade, le chou, les feuilles de bette et le céleri et émincez-les. Pelez les pommes de terre et les carottes ; coupez les premières en cubes et les secondes en rondelles.
- Pelez les tomates après les avoir ébouillantées puis coupez-les.
- Épluchez l'ail et l'oignon puis hachez-le finement. Lavez le persil, séchez-le et hachez-le finement.
- Dans une cocotte, faites chauffer l'huile. Ajoutez les oignons, puis tous les légumes (sauf les petits pois) et faites-les revenir en remuant pendant 5 min.
- Préparez le bouillon en délayant les tablettes dans 2 l d'eau et versez-le sur les légumes.
- Fermez la cocotte et laissez cuire à feu doux pendant 1 h.
- Au bout de 30 min, ajoutez les petits pois et, 15 min avant la fin de cuisson, le persil et l'ail.
- Faites griller les croûtons de pain.
- Répartissez la soupe dans les assiettes. Ajoutez le pain grillé.

TABOULÉ DE CHOU-FLEUR MARIN

Préparation : 30 min • **Cuisson :** 7 min • **Pour 4 personnes**

3 carottes • 2 navets • 100 g de pois gourmands nouveaux • 1 chou-fleur
le jus d'1 citron • 4 c. à s. d'huile de colza • 1 branche de persil
200 g de haddock fumé • sel et poivre

- Pelez les carottes et les navets et détaillez-les en rondelles ou en petits dés.
- Coupez les pointes de pois gourmands et tronçonnez-les.
- Faites cuire tous ces légumes ensemble à la vapeur pendant 7 min. Ils doivent rester très croquants. Laissez-les refroidir.
- Pendant ce temps, enlevez les côtes du chou-fleur. Hachez les sommités dans un mixeur jusqu'à obtention d'une semoule de la taille des grains de couscous. Arrosez-les du jus de citron et de l'huile de colza. Salez, poivrez et ajoutez le persil haché. Mélangez bien.
- Ajoutez le haddock effiloché et les légumes refroidis. Mélangez délicatement et mettez au frais jusqu'au moment de servir.

Taboulé de semoule
Pour une version plus classique, remplacez le chou-fleur par 200 g de semoule, que vous ferez cuire dans 2 fois son volume d'eau salée.

Taboulé de chou-fleur végétarien
Faites cuire 3 œufs en omelette et émiettez-la. Remplacez le haddock par les morceaux d'omelette.

Taboulé de chou-fleur à la crème de sardine
Remplacez le haddock et l'assaisonnement par 1 petite boîte de sardines au citron mixées mélangées avec 200 g de fromage blanc.

Taboulé de brocolis
Remplacez le chou-fleur par 1 belle tête de brocolis.

Tartare au saumon fumé
Coupez 4 fines tranches de saumon fumé en lamelles et ajoutez-les à la préparation.

Sauce à la moutarde
Remplacez l'assaisonnement par 150 g de fromage blanc mélangé avec 1 c. à s. de moutarde à l'ancienne, 1 échalote et 1 gousse d'ail hachées, et 1 c. à c. de ciboulette ciselée.

Tartare de tomates vertes au kiwi
Coupez en dés 3 tomates vertes, 1 concombre, 1 poivron vert et 3 kiwis. Mélangez et arrosez du jus d'1 citron vert. Salez.

Tartare de légumes à la coriandre
Coupez 1/2 courgette, 1 carotte, 1 bulbe de fenouil et 1 tomate en dés. Mélangez avec 10 feuilles de coriandre finement hachées, 1 c. à s. d'huile d'olive et 2 c. à s. de sauce soja.

TARTARE D'AVOCATS ET TOMATES AU CUMIN

Préparation : 20 min • **Cuisson :** 30 s • **Pour 4 personnes**

2 échalotes • 3 avocats • le jus d'1 citron • 3 tomates bien charnues quelques brins de persil plat • 2 c. à s. d'huile de noix 2 c. à s. d'huile de tournesol • 2 pincées de cumin en poudre • sel et poivre

- Épluchez les échalotes et hachez-les finement.
- Coupez les avocats en 2 et retirez leur noyau. Avec un couteau bien tranchant, quadrillez chaque moitié de façon à former des petits carrés. Enfoncez la lame du couteau jusqu'à l'écorce et détachez ensuite la chair avec une cuillère.
- Placez les dés d'avocat dans un saladier et arrosez-les de jus de citron pour qu'ils ne noircissent pas.
- Ébouillantez les tomates pendant 30 s, puis pelez-les et débitez la pulpe en dés, en éliminant les graines et laissez égoutter sur du papier absorbant.
- Lavez le persil et séchez-le.
- Dans un bol, mélangez les 2 huiles avec l'échalote et le cumin. Salez et poivrez.
- Mélangez les dés de tomates égouttés avec les dés d'avocat et arrosez-les avec la sauce.
- Décorez le tartare avec les feuilles de persil et servez bien frais.

TARTARE DE SARDINES À L'ÉCRASÉ D'AVOCAT

Préparation : 15 min • **Repos :** 1 h • **Pour 4 personnes**

6 grosses sardines fraîches • 1 échalote • 10 brins de ciboulette le jus d'1 citron jaune • 6 c. à s. d'huile d'olive • 2 avocats bien mûrs le jus d'1/2 citron vert • 1 c. à c. de Tabasco • sel et poivre

- Lavez les sardines. Incisez-les sur toute la longueur de la face ventrale pour les vider et enlevez l'arête centrale. Rincez-les et dégagez les filets avec un couteau très fin. Coupez-les en petits dés.
- Épluchez l'échalote et hachez-la.
- Lavez la ciboulette, essuyez-la. Réservez-en quelques brins et ciselez le reste.
- Mettez-les dés de sardine dans un petit saladier avec du sel et du poivre, l'échalote, la ciboulette, le jus de citron jaune et 4 c. à s. d'huile d'olive. Mélangez bien, couvrez d'un film alimentaire et conservez au frais pendant au moins 1 h.
- Pelez les avocats. Écrasez-les à la fourchette dans un bol avec le jus du ½ citron vert. Ajoutez le Tabasco, salez et incorporez 2 c. à s. d'huile d'olive. Mettez au frais.
- Au moment de servir, mettez une couche d'écrasé d'avocats dans des verrines, recouvrez avec une couche de sardines égouttées et décorez de brins de ciboulette.
- Servez très frais avec des tranches de baguettes grillées.

Tartare de saumon
Coupez 4 dos de saumon en petits dés et faites-les mariner comme les sardines, en remplaçant la ciboulette par de l'aneth.

Crevettes marinées
Faites mariner 600 g de petites crevettes cuites décortiquées avec 2 c. à s. d'huile d'olive, 4 c. à s. de sauce soja et 2 gousses d'ail hachées. Servez avec l'écrasé d'avocat.

Écrasé d'avocat au piment d'Espelette
Remplacez le Tabasco par 1 c. à c. de piment d'Espelette en poudre.

Écrasé de lentilles corail
Faites cuire 150 g de lentilles corail dans de l'eau bouillante pendant 15 min. Mixez-les avec 1 c. à c. de cumin, 1 c. à c. de paprika et 1 gousse d'ail hachée. Servez avec le tartare.

Tarte aux courgettes et champignons
Remplacez les bettes par 2 courgettes coupées en dés et revenues à la poêle.

Tarte aux trois poivrons
Remplacez les feuilles de bette et les champignons par 4 poivrons coupés en lamelles et revenus à la poêle avec du beurre pendant 15 min.

Tarte aux lardons et au chèvre
Remplacez les feuilles de bette et les champignons par 200 g de lardons et 1 bûche de chèvre coupée en rondelles.

Tarte à la feta
Mélangez 200 g de feta émiettée avec 75 g de gruyère râpé, 1 œuf et 3 poignées d'herbes fraîches hachées. Garnissez la pâte à tarte de ce mélange, recouvrez-la de rondelles de tomates et faites cuire.

TARTE AUX CHAMPIGNONS ET VERDURE

Préparation : 30 min • **Cuisson** : 45 min • **Pour 6 personnes**

200 g de feuilles de bettes • 1 gousse d'ail • 40 g de beurre
250 de champignons de Paris • 3 œufs • 20 cl de crème liquide
15 cl de lait • 1 rouleau de pâte brisée • 80 g de cantal râpé • sel et poivre

- Préchauffez le four à 200 °C.
- Lavez les feuilles de bettes et émincez-les.
- Faites colorer la gousse d'ail dans un peu de beurre, ajoutez les bettes et faites cuire pendant 5 min en remuant. Égouttez et laissez refroidir.
- Rincez les champignons. Faites-les revenir jusqu'à coloration dans du beurre chaud puis laissez refroidir.
- Cassez les œufs dans un bol et battez-les à la fourchette en incorporant la crème et le lait. Salez et poivrez.
- Disposez la pâte sur un moule à tarte, piquez-la à l'aide d'une fourchette, répartissez les bettes, les champignons et le cantal par-dessus. Couvrez du mélange aux œufs.
- Faites cuire au four pendant 40 min.
- Servez chaud ou tiède avec une salade.

Tarte aux endives au paprika
Remplacez la noix muscade par 1 c. à c. de paprika en poudre.

Tarte aux poireaux
Remplacez les endives par 1 kg de blancs de poireaux coupés en rondelles et revenus à la poêle pendant 25 min avec un peu de beurre.

Tatin d'endives
Déposez dans un plat à tarte 1 kg de rondelles d'endives cuites à la poêle pendant 30 min avec un peu de beurre. Recouvrez de pâte à tarte. Faites cuire au four préchauffé à 180 °C pendant 25 min.

Tarte aux brocolis et à la brousse
Remplacez les endives par 1 kg de brocolis séparés en bouquets et cuits à l'eau bouillante salée pendant 10 min. Ajoutez 150 g de brousse à la préparation.

TARTE AUX ENDIVES

Préparation : 30 min • **Cuisson :** 50 min • **Pour 6 personnes**

6 endives • 30 g de beurre • 1 c. à c. rase de sucre
20 cl de fond de veau • 3 œufs • 10 cl de lait • 10 cl de crème fraîche
100 g de fromage râpé • noix muscade râpée
1 rouleau de pâte brisée ou feuilletée • 3 tranches de jambon cru
sel et poivre

- Éliminez les feuilles extérieures des endives et creusez la base trop dure avec un couteau pointu.
- Préchauffez le four à 190 °C.
- Faites dorer les endives dans une poêle dans du beurre fondu. Saupoudrez-les de sucre, salez et poivrez. Ajoutez le fond de veau et faites cuire doucement jusqu'à totale évaporation. Laissez tiédir.
- Mélangez 2 œufs entiers avec 1 jaune, le lait, la crème, le fromage, 1 pincée de sel, un peu de muscade et de poivre.
- Étalez la pâte dans un moule à tarte et piquez-la à la fourchette. Posez les tranches de jambon par-dessus, puis les endives, et recouvrez le tout du mélange d'œufs et crème.
- Laissez cuire au four pendant 40 min.
- Servez chaud ou tiède.

Pâte brisée au thym
Mélangez 200 g de farine, 170 g de beurre ramolli, 10 g de sel, 5 g de sucre et 1 branche de thym frais effeuillé. Mettez en boule, recouvrez d'un film alimentaire et laissez reposer.

Tatin de tomates à la moutarde
Remplacez la mozzarella par des lamelles de comté et recouvrez celles-ci de 4 c. à s. de moutarde à l'ancienne.

Tatin aux deux tomates
Remplacez 300 g de tomates fraîches par la même quantité de tomates séchées à l'huile.

Tatin d'aubergines grillées au roquefort
Remplacez les tomates préparées par 1 kg d'aubergines grillées et décongelées. Utilisez 150 g de roquefort à la place de la mozzarella.

TARTE TATIN DE TOMATES À L'ITALIENNE

Préparation : 15 min • **Cuisson :** 55 min • **Pour 6 personnes**

800 g de tomates • 1 gousse d'ail • 10 cl d'huile d'olive
40 g de sucre roux • 1 branche de romarin • 250 g de mozzarella
1 rouleau de pâte brisée • quelques brins de thym frais

- Préchauffez le four à 150 °C.
- Coupez les tomates en 2 et épépinez-les.
- Épluchez l'ail et hachez-le.
- Dans un plat à four rond, versez l'huile d'olive et le sucre roux et faites cuire doucement pour obtenir un caramel blond.
- Déposez-y les tomates côté chair sur le fond, parsemez-les d'ail haché et de feuilles de romarin.
- Faites cuire au four pendant environ 25 min. Les tomates doivent être confites et le jus complètement évaporé. Laissez tiédir.
- Coupez la mozzarella en tranches fines et disposez celles-ci sur les tomates. Étalez la pâte par-dessus et recouvrez le moule en rentrant les bords de la pâte entre les tomates et le pourtour du moule.
- Faites cuire au four préchauffé à 170 °C pendant 25 min.
- Démoulez la tarte encore chaude en la renversant sur le plat de service. Parsemez de brins de thym frais.
- Servez chaud ou froid.

Terrine de brousse au curry
Remplacez les herbes par 2 c. à c. de curry en poudre. Vous pouvez également utiliser du cumin.

Terrine de feta
Remplacez la brousse par la même quantité de feta mixée avec 10 cl de crème liquide.

Papillotes à la brousse
Répartissez les dés de courgettes revenus, les herbes et l'ail hachés et la brousse dans 4 papillotes (supprimez la gélatine). Faites-les cuire au four préchauffé à 210 °C pendant 5 min.

Terrine de concombre au chèvre
Coupez 2 concombres en rondelles. Utilisez-les à la place des dés de courgettes cuits et préférez du fromage de chèvre frais à la brousse.

TERRINES DE BROUSSE AUX HERBES

Préparation: 25 min • **Cuisson**: 2 min • **Pour 4 personnes**

2 feuilles de gélatine • 1 gousse d'ail • 2 c. à s. de menthe hachée
1 bouquet de ciboulette ciselé • 4 courgettes • 2 c. à s. d'huile d'olive
400 g de brousse de brebis sel et poivre • 10 radis

- Faites ramollir la gélatine dans un bol d'eau froide.
- Épluchez l'ail et écrasez-le.
- Lavez les herbes, essuyez-les puis hachez-les.
- Lavez les courgettes. Taillez-en 2 en lanières fines avec une mandoline ou un économe. Ébouillantez-les pendant 2 min dans une grande casserole d'eau salée et rafraîchissez-les aussitôt. Égouttez-les sur du papier absorbant.
- Coupez les autres courgettes en petits dés et faites-les cuire doucement sans dorer dans l'huile d'olive avec l'ail. Ajoutez les herbes en fin de cuisson. Salez, poivrez et laissez refroidir.
- Chemisez des ramequins ou des coupes individuelles avec du film alimentaire. Tapissez l'intérieur avec les lanières de courgettes.
- Écrasez le fromage à la fourchette dans un bol. Incorporez les courgettes en dés puis la gélatine essorée et fondue pendant 10 s au four à micro-ondes avec 1 c. à s. d'eau. Mélangez bien.
- Garnissez les moules de cette préparation. Terminez par une couche de lanières de courgettes et mettez au frais pour 3 h.
- Pour servir, démoulez les terrine dans des assiettes et garnissez avec des rondelles très fines de radis découpées à l'Économe.

Terrine aux légumes grillées
Remplacez tous les légumes par la même quantité de légumes grillés mélangés surgelés, décongelés.

Terrine aux lardons
Faites cuire 200 g de lardons à la poêle et répartissez-les dans la terrine.

Terrine aux carottes et aux épinards
Remplacez tous les légumes par 500 g de carottes cuites à l'eau réduites en purée et 400 g d'épinards cuits à l'eau mélangés avec 20 cl de crème liquide.

Côtelettes d'agneau grillées au thym
Badigeonnez 4 côtelettes d'agneau d'huile d'olive agrémentée de 6 c. à s. de thym émietté. Faites cuire sur un gril de 3 à 4 min sur chaque face. Servez-les avec la terrine en plat principal.

TERRINE DE CHÈVRE FRAIS

Préparation: 30 min • **Cuisson**: 45 min • **Pour 4 personnes**

2 gousses d'ail • 2 tomates • 1 poivron rouge • 1 poivron jaune • 2 aubergines • 4 c. à s. d'huile d'olive • 2 branches de thym • 1 petit bouquet de basilic • 12 petits fromages de chèvre frais • vinaigre balsamique • sel et poivre

- Préchauffez le four à 180 °C.
- Épluchez les gousses d'ail et hachez-les.
- Rincez les légumes et séchez-les. Coupez les poivrons en 4, épépinez-les, arrosez-les d'huile d'olive et parsemez-les d'ail. Recouvrez de papier d'aluminium et faites cuire au four pendant 20 min. Épluchez les poivrons, découpez-les et en lanières.
- Coupez les aubergines en tranches fines, dans la longueur. Disposez-les sur une plaque allant au four, puis badigeonnez-les d'huile d'olive des 2 côtés. Effeuillez le thym par-dessus. Faites dorer au four pendant 25 min environ.
- Rincez, séchez et ciselez le basilic. Coupez les tomates en dés.
- Garnissez les parois huilées d'un saladier de film étirable en le laissant dépasser. Tapissez le fond et les parois du saladier avec les tranches d'aubergines. Salez et poivrez.
- Garnissez la terrine en alternant le chèvre coupé en tranches et les poivrons. Entre chaque couche, ajoutez des dés de tomates, parsemez de basilic puis arrosez d'1 filet d'huile d'olive et de vinaigre balsamique. Salez un peu et poivrez. Tassez bien. Placez pour 12 h au réfrigérateur.
- Servez la terrine retournée sur un plat de service.

Timbales de riz à l'orange

Mélangez 250 g de riz cuit avec les quartiers de 4 oranges, 1 botte d'oignons nouveaux coupés en rondelles, 1 piment oiseau haché et 20 olives. Arrosez d'huile d'olive.

Timbales de riz aux crevettes

Mélangez 250 g de riz cuit avec 100 g de pousses de soja, 300 g de crevettes décortiquées, 1 poivron vert coupé en dés. Arrosez de vinaigrette agrémentée de 2 c. à s. de sauce soja.

Timbales de riz au chorizo

Mélangez 250 g de riz cuit avec 150 g de chorizo coupé en rondelles, 3 tomates et 1 poivron rouge taillés en dés, et 100 g d'épis de maïs.

Timbales de riz aux fruits secs

Mélangez 250 g de riz cuit avec 10 abricots secs gonflés dans de l'eau, 10 dattes et 3 c. à s. d'amandes effilées. Parsemez de coriandre hachée et assaisonnez de vinaigrette.

TIMBALE DE RIZ AUX ÉPINARDS

Préparation : 15 min • **Cuisson** : 30 min • **Pour 4 personnes**

250 g de riz long • 120 g de petits pois • 1 citron non traité
1 oignon blanc • 2 c. à s. de vinaigre • 2 c. à s. d'huile d'olive
20 g de câpres • 50 g de pousses d'épinards
350 g de thon au naturel en conserve • sel et poivre

- Faites cuire le riz dans de l'eau bouillante salée en suivant les indications sur le paquet. Rincez-le et égouttez-le.
- Faites cuire les petits pois dans de l'eau bouillante pendant 10 min. Égouttez-les.
- Prélevez le zeste du citron lavé, tranchez-le en fines lamelles.
- Épluchez l'oignon et émincez-le.
- Pressez le citron dans un bol, ajoutez le vinaigre, du sel, du poivre, et l'huile en fouettant, pour bien émulsionner la sauce. Ajoutez les câpres et l'oignon.
- Lavez et essorez les épinards.
- Égouttez le thon et séparez les lamelles.
- Placez le riz dans un saladier, mélangez-le avec le thon et les petits pois. Versez la sauce sur le riz et mélangez doucement.
- Servez le riz dans des petits bols individuels, en tapissant d'abord le fond avec les feuilles d'épinards, et parsemez de lamelles de citron.

Tomates farcies et sardines

Enroulez 4 sardines et déposez-les sur les tomates farcies.

Tomates farcies à la courgette

Mélangez 200 g de courgettes râpées avec 200 g de fromage fondu, 2 c. à s. de persil ciselé et 1 c. à s. d'huile d'olive. Garnissez 4 tomates de ce mélange.

Tomates farcies aux champignons

Mélangez 100 g de blé germé avec 4 champignons de Paris coupés en lamelles, 2 gousses d'ail hachées, 10 feuilles de basilic haché et 2 c. à s. d'huile de colza. Garnissez 4 tomates de ce mélange.

Tomates farcies au haddock

Mélangez 3 pommes de terre cuites à l'eau et coupées en dés avec 2 filets de haddock émiettés, 2 c. à s. de câpres et 2 c. à s. de mayonnaise. Garnissez 4 tomates de ce mélange.

TOMATES FARCIES À LA FETA

Préparation : 20 min • **Cuisson** : aucune • **Pour 4 personnes**

4 tomates bien charnues • 12 olives noires • 4 petits oignons blancs
1 petit bouquet de coriandre • 3 c. à s. d'huile d'olive
250 g de feta en cubes • sel et poivre

- Lavez et séchez les tomates, puis coupez leur chapeau. Creusez l'intérieur de chaque tomate pour retirer la pulpe, sans percer la peau. Égouttez la pulpe en enlevant les pépins, puis découpez-la en petits dés. Salez l'intérieur des tomates et laissez-les égoutter.
- Dénoyautez les olives et coupez-les en petits morceaux.
- Épluchez les oignons et émincez-les finement.
- Rincez la coriandre, séchez-la et hachez-la.
- Mélangez les dés de tomates avec les olives, les oignons et la coriandre. Arrosez d'huile d'olive. Salez et poivrez.
- Remplissez les tomates bien égouttées avec ce mélange dans lequel vous aurez ajouté les cubes de feta, sans trop remuer.
- Recouvrez les tomates farcies de film alimentaire et mettez-les au réfrigérateur pour au moins 1 h.

Velouté glacé de carottes au gingembre
Remplacez les graines de coriandre par 1 c. à c. de gingembre en poudre. Réservez le velouté cuit au réfrigérateur pendant au moins 5 h.

Velouté de carottes à l'orange
Remplacez la coriandre par le jus de 2 oranges. Ajoutez 1 pincée de piment d'Espelette et 1 c. à c. de curry en poudre.

Velouté de panais
Remplacez les carottes par la même quantité de panais, un légume oublié à la saveur proche de la carotte.

Croûtons de pain d'épice
Coupez 4 tranches de pain d'épice en dés et faites-les revenir à la poêle avec un peu d'huile. Servez-les avec le velouté.

VELOUTÉ DE CAROTTES

Préparation : 20 min • **Cuisson :** 20 min • **Pour 4 personnes**

8 carottes • 1 c. à c. de graines de coriandre • 4 brins de thym
10 cl de crème liquide • bouillon de légumes • sel et poivre

- Lavez les carottes, épluchez-les et coupez-les en rondelles.
- Mettez-les dans une casserole avec 50 cl d'eau, les graines de coriandre et le thym. Salez et poivrez. Portez à ébullition et laissez cuire pendant 15 min.
- Enlevez le thym. Égouttez les carottes et mixez-les. Versez-les dans la casserole puis incorporez la crème et du bouillon de légumes jusqu'à l'obtention de la texture souhaitée.
- Faites réchauffer le velouté sans le porter à ébullition avant de servir.

VELOUTÉ DE LÉGUMES VERTS

Préparation : 20 min • **Cuisson :** 20 min • **Pour 4 personnes**

400 g de courgettes surgelées • 200 g de fèves surgelées
200 g ae haricots verts surgelés • 2 gousses d'ail • 1 botte de persil
2 c. à s. d'huile d'olive • 1 c. à s. de Maïzena • sel et poivre

- Faites bouillir 50 cl d'eau dans une casserole. Plongez-y les légumes encore surgelés, salez, poivrez, et laissez cuire pendant 15 min.

- Épluchez les gousses d'ail. Lavez le persil.

- Ajoutez hors du feu l'huile dolive et le persil et passez le mélange au mixeur. Ajoutez la Maïzena pour faire épaissir le tout et remettez sur feu doux pour 5 min en remuant sans cesse.

- Servez le velouté aussitôt.

Velouté vert aux herbes
Vous pouvez remplacer le persil par de la menthe, du basilic ou de la ciboulette, ou encore mélanger plusieurs herbes.

Velouté blanc
Remplacez les légumes par 400 g de fleurettes de chou-fleur surgelées, 2 navets et 2 endives coupés en morceaux et 1 oignon émincé.

Velouté forestier
Faites revenir 2 échalotes hachées avec 600 g de champignons mélangés surgelés. Mixez-les puis faites cuire avec 1,5 l de bouillon de volaille pendant 10 min. Décorez le velouté de brins de persil.

Velouté de céleri
Faites cuire 1 petit pied de céleri-rave coupé en rondelles dans de l'eau bouillante pendant 30 min. Mixez puis ajoutez 1 jaune d'œuf, du sel et du poivre.

PLATS ET ACCOMPAGNEMENTS

Poulet à l'orange et au romarin
Remplacez le jus de citron par du jus d'orange et utilisez du romarin à la place du thym.

Poulet à la coriandre
Remplacez le thym et la menthe par de la coriandre. Ajoutez 2 c. à s. de sauce soja à la marinade.

Sauce au citron pimentée
Faites chauffer à feu doux pendant 15 min 4 échalotes, 1 gousse d'ail et 2 piments verts hachés, le zeste et le jus de 2 citrons, 2 c. à s. de miel, 1 pincée de piment de Cayenne, 10 cl d'eau, du sel et du poivre. Ajoutez 1 yaourt brassé. Servez avec les aiguillettes de poulet.

Pommes au four
Enveloppez 4 grosses pommes de terre dans du papier d'aluminium et faites-les cuire au four préchauffé à 210 °C pendant 40 min environ. Servez les pommes au four avec le poulet et la sauce.

AIGUILLETTES DE POULET AU THYM-CITRON

Préparation : 15 min • **Cuisson :** 7 min • **Pour 4 personnes**

750 g d'aiguillettes de poulet • 2 gousses d'ail • 2 branches de thym-citron le jus ae 2 citrons • 6 c. à s. d'huile d'olive • 1 bouquet de menthe 2 yaourts brassés nature • sel et poivre

- Répartissez les aiguillettes de poulet dans un grand plat.
- Épluchez l'ail et hachez-le après avoir retiré le germe.
- Lavez le thym, séchez-le et effeuillez-le.
- Dans un bol, battez la moitié du jus de citron avec 3 c. à s. d'huile d'olive, l'ail, le thym, du sel et du poivre.
- Versez cette sauce sur les aiguillettes et mélangez-les bien avant de les placer au réfrigérateur pour 2 h.
- Rincez la menthe, séchez-la et ciselez-la.
- Préparez la sauce : mélangez les yaourts, la menthe, 3 c. à s. d'huile d'olive, du jus de citron, du sel et du poivre. Mettez au frais.
- Égouttez les aiguillettes et faites-les dorer à feu vif dans une poêle chaude en ajoutant du jus de la marinade. Comptez environ 7 min.
- Salez et poivrez, puis servez chaud avec la sauce bien froide.

Artichauts frais
Remplacez les fonds d'artichauts par le cœur de 4 artichauts poivrade frais cuits à la vapeur pendant 15 min.

Artichauts au jambon
Coupez 4 tranches de jambon de pays en morceaux et parsemez-en le plat.

Artichauts gratinés, sauce mornay
Délayez 30 g de beurre avec 30 g de farine. Ajoutez 40 cl de lait froid d'un seul coup. Salez et poivrez. Laissez épaissir. Nappez des fonds d'artichauts surgelés de sauce, parsemez de fromage râpé et faites cuire au four pendant 20 min.

Artichauts aux petits pois
Garnissez des fonds d'artichauts surgelés cuits du contenu d'1 boîte de petits pois cuits à la casserole. Parsemez de persil ou de cerfeuil haché.

ARTICHAUTS GRATINÉS À LA MOZZARELLA

Préparation : 15 min • **Cuisson** : 30 min • **Pour 4 personnes**

1 sachet de fonds d'artichauts surgelés • 3 gousses d'ail • 4 c. à s. d'huile d'olive • 1 boule de mozzarella • 2 œufs • 2 c. à s. de crème liquide 1 poignée de feuilles d'épinards • sel et poivre

- Faites cuire les fonds d'artichauts, en suivant les indications sur l'emballage, puis égouttez-les et coupez-les en 4.
- Épluchez les gousses d'ail, et émincez-les après avoir retiré le germe.
- Faites revenir les artichauts et l'ail avec 3 c. à s. d'huile d'olive, puis versez-les dans un plat à gratin huilé.
- Préchauffez le four à 180 °C.
- Coupez la mozzarella en petits morceaux et répartissez ceux-ci sur les artichauts.
- Mélangez les œufs battus et la crème, du sel et du poivre et versez le mélange sur les artichauts.
- Lavez les feuilles d'épinards, essorez-les et ciselez-les avant d'en parsemer l'ensemble de la préparation.
- Mélangez délicatement et faites cuire au four pendant 20 min environ.
- Servez très chaud.

AUBERGINES FARCIES, À LA MODE TURQUE

Préparation : 20 min • **Cuisson :** 40 min • **Pour 4 personnes**

4 grosses aubergines • 2 gousses d'ail • 1 oignon • 1 bouquet de coriandre 3 c. à s. d'huile d'olive • 100 g de riz • un reste de ratatouille (1 bol environ) • 400 g de bœuf haché • sel et poivre

- Préchauffez le four à 180 °C.
- Lavez les aubergines, séchez-les et coupez-les en 2 dans le sens de la longueur. À l'aide d'un couteau, retirez l'intérieur, en laissant une mince couche de chair et réservez les légumes.
- Épluchez l'ail et l'oignon puis émincez-les finement après avoir enlevé le germe de l'ail.
- Rincez la coriandre, séchez-la et ciselez-la finement.
- Dans une poêle, faites revenir l'ail et l'oignon dans l'huile d'olive chaude et ajoutez le riz. Faites dorer légèrement en remuant puis couvrez d'eau chaude ; salez, poivrez et laissez mijoter jusqu'à absorption du liquide.
- Mélangez ce riz avec la ratatouille, la coriandre ciselée et la viande hachée. Remuez bien et rectifiez l'assaisonnement.
- Huilez un plat allant au four, mettez-y les aubergines et remplissez-les de farce, puis arrosez-les d'huile d'olive. Ajoutez un peu d'eau dans le fond du plat, et faites cuire au four pendant 30 min environ après avoir protégé les aubergines avec une feuille de papier d'aluminium qui sera retirée après 20 min.
- Servez dès la sortie du four.

Autres légumes
Vous pouvez farcir des poivrons, des courgettes, des tomates ou des champignons de la même façon.

Aubergines farcies au porc
Remplacez le bœuf haché par la même quantité de chair à saucisse.

Aubergines farcies au cantal
Faites revenir 1 oignon avec la chair de 4 aubergines. Salez, poivrez et ajoutez 200 g de cantal râpé et 1 c. à s. de persil haché. Garnissez les aubergines de ce mélange et faites cuire au four préchauffé à 180 °C pendant 30 min.

Aubergines farcies aux deux tomates
Mélangez la chair de 4 aubergines avec 120 g de tomates séchés, 2 tomates et 2 boules de mozzarella coupés en dés et faites cuire au four préchauffé à 180 °C pendant 30 min. Parsemez de ciboulette au moment de servir.

AUMÔNIÈRES DE CHOU VERT AU SAUMON

Préparation : 40 min • **Cuisson :** 25 min • **Pour 4 personnes**

12 feuilles de chou vert • le zeste d'1 pamplemousse
600 g de saumon frais • sel et poivre

- Faites cuire les feuilles de chou lavées dans de l'eau bouillante salée pendant 5 min. Retirez-les et passez-les tout de suite sous l'eau froide et laissez-les tremper.
- Faites blanchir le zeste de pamplemousse pendant quelques minutes à l'eau bouillante et égouttez-les.
- Ôtez la peau du saumon et coupez la chair en tranches fines et étroites. Salez, poivrez puis formez 4 boulettes de taille égale avec le saumon tranché.
- Égouttez et séchez les feuillez de chou. Formez de petites coupelles en superposant 2 ou 3 feuilles de chou. Garnissez chaque coupelle d'1 boulette de saumon.
- Parsemez de zeste de pamplemousse et fermez les feuilles de chou avec 1 morceau de ficelle de cuisine.
- Faites cuire les aumônières à la vapeur pendant 15 min environ.
- Servez les aumônières très chaudes.

Sauce au pamplemousse
Faites fondre 60 g de beurre, ajoutez le jus d'1 pamplemousse, 1 c. à c. de curcuma, 4 c. à s. de crème fraîche, du sel et du poivre et laissez épaissir à feu doux en remuant délicatement. Servez la sauce avec les aumônières.

Aumônières de chou au sarrasin
Ajoutez dans les aumônières 200 g de graines de sarrasin, 10 cl de crème de soja et 2 c. à s. de persil plat haché.

Aumônières aux pommes de terre
Faites cuire 4 pommes de terre à la vapeur pendant 10 min. Coupez-les en rondelles et répartissez-les dans les papillotes avec un peu d'estragon avant de faire cuire celles-ci.

Bricks au saumon
Faites cuire le saumon pendant 12 min à la vapeur. Remplacez le chou par des feuilles de brick et faites-les dorer à la poêle avec de l'huile de 1 à 2 min sur chaque face.

BLANCS DE POULET À L'AIGRE-DOUX

Préparation : 15 min • **Cuisson :** 25 min • **Pour 4 personnes**

4 blancs de poulet • 1 c. à s. d'huile d'olive
pour la marinade : 1 gousse d'ail • ½ bouquet de menthe
25 cl de vin rouge • 4 c. à s. de sauce soja • 1 c. à s. de sucre
2 c. à s. d'huile d'olive • 1 c. à c. de poivre vert
le jus d'1 citron vert • 1 c. à s. de fond de volaille

- Épluchez l'ail et hachez-le finement. Lavez la menthe, essuyez-la et hachez-la.
- Préparez la marinade en mélangeant le vin rouge, la sauce soja, le sucre, l'huile d'olive, l'ail, la menthe hachée, le poivre vert écrasé et le jus de citron vert.
- Déposez les blancs de poulet dans un plat creux et recouvrez-le de marinade. Couvrez d'un film alimentaire et gardez au frais pendant au moins 2 h.
- Égouttez la viande puis faites-la dorer à la poêle sur feu vif avec l'huile. Ajoutez la marinade, portez à ébullition et laissez mijoter pendant 15 min.
- Au moment de servir, retirez le poulet de la poêle, ajoutez le fond de volaille et faites réduire le jus en un sirop épais.
- Servez chaud.

Porc aigre-doux
Remplacez le poulet par 600 g de viande de porc. Ajoutez 2 c. à s. de miel à la marinade.

Crevettes à l'aigre-doux
Remplacez le poulet par 600 g de crevettes roses décortiquées. Utilisez du vin blanc à la place du vin rouge et déglacez la poêle avec du fumet de poisson.

Poulet à la coriandre
Faites mariner le poulet dans un mélange d'1 bouquet de coriandre hachée, de 2 gousses d'ail, d'1 c. à s. de jus de citron et d'1 c. à s. d'huile d'olive. Laissez-le mijoter avec 800 g de pulpe de tomates.

Salade à la menthe fraîche
Servez le poulet avec une salade de courgettes râpées parsemée de menthe fraîche hachée.

BLANCS DE POULET FARCIS AUX FÈVES ET AUX ANCHOIS

Préparation : 30 min • **Cuisson** : 40 min • **Pour 4 personnes**

800 g de fèves • 1 bouquet de menthe fraîche
4 blancs de poulet doubles • 8 filets d'anchois • 6 petits oignons nouveaux
• 50 g de beurre • 2 c. à s. d'huile d'olive • sel et poivre

- Versez les fèves dans une casserole d'eau bouillante salée et laissez cuire pendant 5 min.
- Lavez la menthe, essuyez-la et ciselez-la.
- Rafraîchissez les fèves et enlevez leur peau. Réservez 1 bol de fèves entières. Écrasez le reste en purée et mélangez-la avec 1 c. à s. de menthe ciselée.
- Ouvrez les blancs de poulet sans les partager complètement. Étalez-y la purée de fèves, mettez 2 anchois dans chacun puis poivrez. Refermez à l'aide de piques en bois.
- Épluchez les oignons et faites-les rissoler, à la poêle, pendant 5 min, dans 20 g de beurre et 1 c. à s. d'huile d'olive. Ajoutez les blancs de poulet farcis et faites-les dorer de chaque côté, puis baissez la température et laissez cuire à feu doux, avec un couvercle, pendant 20 min. Salez et poivrez.
- Retirez les blancs de poulet et réservez-les au chaud, puis versez un peu d'eau chaude dans la poêle, pour déglacer les sucs de cuisson. Ajoutez 25 g de beurre et les fèves entières.
- Réchauffez pendant 10 min à feu doux et parsemez du reste de menthe.
- Répartissez les fèves autour de la viande et servez bien chaud.

Blancs de poulet au chèvre

Garnissez chacun des 4 blancs de poulet d'1 crottin de Chavignol coupé en rondelles, de 5 lanières de poivron rouge ou vert et d'1 c. à c. de cumin. Faites cuire en papillote pendant 20 min au four préchauffé à 180 °C.

Saltimbocca

Garnissez chacun des 4 blancs de poulet d'1 tranche de jambon de pays, de 3 rondelles de mozzarella et d'1 feuille de sauge. Faites dorer à la poêle.

Blancs de poulet aux pruneaux

Garnissez chacun des 4 blancs de poulet d'1 tranche de lard et de 4 pruneaux dénoyautés. Faites dorer à la poêle.

Blancs de poulet au chorizo

Garnissez chacun des 4 blancs de poulet de 4 ou 5 rondelles de chorizo fort. Parsemez de persil et de ciboulette. Faites dorer à la poêle.

BOUCHÉES DE CHOU-FLEUR

Préparation : 20 min • **Cuisson :** 40 min • **Pour 4 personnes**

1 chou-fleur • 3 échalotes • 40 g de beurre • 4 œufs
200 g de crème fraîche épaisse • 1 c. à c. de noix muscade râpée
150 g de gruyère râpé • 1 bouquet de ciboulette • sel et poivre

- Nettoyez le chou-fleur et détachez les bouquets en enlevant la partie dure.
- Faites-les blanchir dans de l'eau bouillante salée de 4 à 5 min.
- Épluchez les échalotes et émincez-les.
- Préchauffez le four à 150 °C.
- Égouttez le chou-fleur et faites-le revenir dans 30 g de beurre avec les échalotes. Laissez cuire pendant 5 min à feu doux puis répartissez la préparation dans des petits moules à gratin individuels beurrés.
- Cassez les œufs dans un petit saladier. Versez la crème fraîche et battez-la à la fourchette. Ajoutez la noix muscade, salez et poivrez puis répartissez ce mélange dans les moules.
- Faites cuire au four pendant 20 min puis sortez les moules, parsemez-les de gruyère râpé et remettez au four pour 10 min.
- Rincez la ciboulette, séchez-la et formez des petits fagots en réunissant quelques brins avec 1 autre brin pour attacher.
- Servez les bouchées bien chaudes, décorées avec les fagots de ciboulette.

Bouchées de chou-fleur aux lardons
Faites revenir 200 g de lardons à la poêle sans matières grasses. Ajoutez-les dans les moules avant d'enfourner.

Bouchées de chou-fleur au paprika
Remplacez la noix muscade par 1 c. à c. de paprika. Vous pouvez également utiliser du curry.

Bouchées de brocolis
Remplacez le chou-fleur par 1 belle tête de brocolis. Ajoutez 10 cl de coulis de tomate à la préparation.

Bouchées de potiron
Remplacez le chou-fleur par 600 g de chair de potiron coupée en dés et cuite à la vapeur pendant 10 min. Remplacez le gruyère râpé par du fromage de chèvre émietté.

BOULETTES À LA THAÏLANDAISE

Préparation : 30 min • **Cuisson** : 20 min • **Pour 4 personnes**

1 échalote • 2 gousses d'ail • 1 bouquet de coriandre • 10 cl de lait
4 tranches de pain de mie • 500 g de blanc de poulet • 1 œuf
50 g de graines de sésame • 1 petit morceau de gingembre
20 cl de coulis de tomate • le zeste d'1 citron vert
10 cl d'huile d'olive • sel et poivre

- Épluchez l'échalote et l'ail.
- Lavez la coriandre, essuyez-la et ciselez-la.
- Versez le lait dans un bol et faites-y tremper les tranches de pain.
- Mixez tous ces ingrédients avec le poulet coupé en morceaux et l'œuf. Salez et poivrez.
- Formez des boulettes avec cette préparation et enrobez-les de sésame.
- Pelez le gingembre et hachez-le.
- Dans une casserole, mélangez le coulis de tomate, le zeste de citron, le gingembre, et laissez mijoter pendant 5 min puis réservez au chaud.
- Dans une sauteuse faites dorer les boulettes à l'huile, à feu moyen. Faites-les cuire en 3 fois et déposez-les sur du papier absorbant au fur et à mesure.
- Servez chaud, avec la sauce tomate.

Sauce au lait de coco
Ajoutez 15 cl de lait de coco à la sauce tomate. Vous pouvez aussi faire tremper le lait dans du lait de coco pour accentuer le goût des boulettes.

Boulettes de porc
Remplacez le poulet par de la viande de porc. Dans ce cas, faites cuire les boulettes plus longtemps dans la sauteuse.

Boulettes à la citronnelle
Ajoutez 1 tige de citronnelle finement émincée au mélange à base de viande. On trouve la citronnelle dans les boutiques asiatiques.

Soupe de riz aux boulettes
Faites bouillir 2 l de bouillon de légumes ou de bœuf. Ajoutez 400 g de riz cuit puis les boulettes de viande crue. Faites cuire pendant 5 min.

Pita aux brochettes

Servez les brochettes sur des galettes de pain pita accompagnées de concombres, de tomates et de radis émincés.

Sauce à la menthe

Préparez la sauce en mélangeant 2 yaourts nature, le jus d'1/2 citron, 2 gousses d'ail hachée, 2 c. à s. d'huile d'olive, du sel et du poivre. Servez avec les brochettes.

Brochettes aux deux viandes

Vous pouvez remplacer la moitié du bœuf par 200 g de viande d'agneau hachée.

Taboulé libanais

Mélangez les feuilles d'1 bouquet de persil avec 50 g de semoule cuite, 3 tomates coupées en petits dés, 2 c. à s. d'huile d'olive et le jus d'1 citron. Servez très frais avec les brochettes.

BROCHETTES À L'ORIENTALE

Préparation : 15 min • **Cuisson :** 15 min • **Pour 4 personnes**

1 oignon • 1 gousse d'ail • 8 brins de persil • 3 brins de menthe
400 g de bœuf haché • 1 œuf • 3 c. à s. d'huile d'olive • sel et poivre

- Préchauffez le four ou allumez le barbecue.
- Épluchez l'oignon et l'ail puis hachez-les.
- Lavez les herbes puis essuyez-les. Ciselez-les.
- Mélangez la viande, l'ail, l'oignon, l'œuf battu, le persil, la menthe, l'huile, du sel et du poivre.
- Formez des boulettes ovales avec vos mains mouillées et placez-les sur des piques.
- Faites cuire les brochettes, en les retournant souvent jusqu'à ce que la viande soit dorée.
- Servez chaud, avec la sauce.

Brochettes aux champignons noirs

Faites tremper dans de l'eau bouillante 30 g de champignons noirs pendant 15 min. Enfilez-les sur les brochettes entre les morceaux de poisson.

Brochettes de tofu

Remplacez le poisson par des carrés de tofu, de préférence nature.

Légumes croquants au sésame

Faites cuire 1 sachet de légumes mélangés surgelés à la vapeur. Arrosez-les d'1 filet d'huile d'olive et parsemez de grains de sésame. Servez avec les brochettes.

Brochettes à l'orientale

Mélangez 50 g de coriandre en poudre, 2 gousses d'ail hachées, 2 c. à c. de cumin, 1 c. à c. de paprika, 1 pincée de piment de Cayenne, 1 c. à s. de jus de citron et 1 c. à s. d'huile d'olive. Faites mariner le poisson dans cette sauce.

BROCHETTES DE POISSON À LA JAPONAISE

Préparation : 15 min • **Cuisson :** 7 min • **Pour 4 personnes**

2 pavés de saumon • 2 filets de perche assez épais • sel et poivre
pour la marinade : 1 petit bouquet de ciboulette
1 petit morceau de gingembre frais • 3 c. à s. d'huile d'olive
2 c. à s. de sauce soja • 1 c. à c. de sucre en poudre

- Lavez la ciboulette, séchez-la et ciselez-la finement.
- Épluchez le gingembre et râpez-le.
- Préparez la marinade en mélangeant l'huile, la sauce soja, la ciboulette, le gingembre et le sucre.
- Coupez les poissons en morceaux, posez ceux-ci dans un grand plat et arrosez-les avec la marinade. Couvrez le plat avec un film alimentaire et réservez-le au frais pendant 45 min.
- Préchauffez un gril.
- Égouttez le poisson. Réservez la marinade. Enfilez les morceaux de poisson sur des piques en bois.
- Faites cuire les brochettes sur le gril de 5 à 7 min, en les retournant souvent et en les arrosant de marinade. Salez légèrement et poivrez.

Brocolis à la noix muscade
Ajoutez 1 c. à c. de noix muscade râpée à la purée de tiges de brocolis, pour une recette plus parfumée.

Duo de choux
Remplacez la moitié des brocolis par 350 g de fleurettes de chou-fleur.

Épinards aux œufs et à la ricotta
Remplacez les brocolis par 1 kg d'épinards surgelés cuits dans de l'eau bouillante.

Brocolis à la provençale
Mettez dans une cocotte 700 g de brocolis, 1 poivron rouge, orange ou vert coupé en dés, 200 g de lardons, 20 cl de coulis de tomates, 20 cl de vin blanc et 1 c. à s. d'herbes de Provence. Laissez mijoter à couvert pendant 30 min.

BROCOLIS AUX ŒUFS ET À LA RICOTTA

Préparation : 10 min • **Cuisson** : 55 min • **Pour 6 personnes**

700 g de brocolis • 2 gousses d'ail • 3 c. à s. d'huile d'olive • 5 œufs
200 g de ricotta • 25 cl de crème épaisse • 2 c. à s. de pignons de pin
sel et poivre

- Préchauffez le four à 200 °C.
- Séparez les bouquets de brocolis, rincez-les et faites-les cuire pendant 3 min à l'eau bouillante salée. Égouttez-les lorsqu'ils sont tièdes puis coupez leurs tiges.
- Mettez celles-ci à cuire, pendant encore 10 min, dans de l'eau bouillante salée.
- Épluchez les gousses d'ail, ôtez les germes, et émincez-les très finement.
- Faites chauffer l'huile d'olive dans une poêle, puis faites-y revenir les brocolis (sans leurs tiges) avec l'ail pendant quelques minutes. Salez et poivrez.
- Dans le four, faites chauffer un moule bien huilé.
- Cassez les œufs dans un saladier et battez-les en ajoutant la ricotta et la crème. Salez et poivrez, puis incorporez les brocolis et leurs tiges écrasées en purée.
- Versez ce mélange dans le moule chaud et laissez cuire au four pendant 25 min. Parsemez de pignons de pin et laissez cuire pendant encore 5 min.
- Servez tiède, avec une salade verte.

BUCATINIS À LA MODE DE PÉKIN

Préparation : 20 min • **Cuisson :** 30 min • **Pour 4 personnes**

*400 g de bucatinis • 500 g de tomates • 1 oignon rouge • 1 gousse d'ail
1 petit piment rouge • 1 petit piment vert • 3 c. à s. d'huile
2 c. à s. de miel blond liquide • 2 c. à s. de vinaigre de vin blanc
2 c. à s. de ketchup • 2 c. à s. de sauce soja • 30 g d'amandes effilées
3 brins de coriandre • sel*

- Pelez les tomates et épépinez-les après les avoir plongées pendant 30 s dans de l'eau bouillante. Découpez-les en dés.
- Pelez l'oignon et l'ail puis hachez-les. Hachez les piments.
- Faites revenir l'oignon avec l'huile dans une sauteuse. Ajoutez les tomates puis les piments et l'ail. Salez et laissez mijoter à découvert pendant 15 min.
- Diluez le miel avec le vinaigre, le ketchup et la sauce soja. Arrosez les tomates avec cette sauce et mélangez délicatement.
- Dans un grand volume d'eau salée, faites cuire les bucatinis. Égouttez-les et ajoutez-les dans la sauteuse ainsi que les amandes.
- Réchauffez le tout pendant 2 min puis servez le plat décoré avec des pluches de coriandre.

Bucatinis au gingembre
Ajoutez 1 c. à c. de gingembre râpé dans la sauce pour un parfum encore plus prononcé.

Bucatinis doux
Pour une saveur moins pimentée, remplacez les piments par 1/2 poivron rouge haché, ou préférez 1 pincée de piment d'Espelette.

Bucatinis au thon
Ajoutez 250 g de thon au naturel en boîte émietté dans la sauteuse en même temps que les oignons.

Bucatinis aux crevettes
Faites mariner 400 g de petites crevettes décortiquées dans 2 c. à s. d'huile d'olive agrémentée de 2 gousses d'ail hachées. Faites-les dorer à la poêle et ajoutez-les dans la sauteuse en même temps que les pâtes.

CANNELLONIS AUX DEUX FROMAGES

Préparation : 20 min • **Cuisson** : 30 min • **Pour 6 personnes**

2 gousses d'ail • 1 bouquet de persil plat • 1 bouquet de basilic
500 g de ricotta • 20 cl de crème liquide • 12 rouleaux de cannellonis à farcir • 2 c. à s. d'huile d'olive • 1 pot de sauce tomate
200 g de comté râpé • sel et poivre

- Épluchez les gousses d'ail et hachez-les après avoir retiré le germe.
- Lavez le persil et le basilic et coupez-les finement.
- Préchauffez le four à 180 °C.
- Dans un saladier, mélangez la ricotta et la crème liquide à la fourchette. Ajoutez l'ail, le persil et le basilic. Salez, poivrez et mélangez encore.
- Garnissez les cannellonis avec cette préparation, à l'aide d'une cuillère à café.
- Dans un plat à gratin bien huilé, alignez les cannellonis. Recouvrez-les de sauce tomate et parsemez-les de comté râpé.
- Faites cuire pendant 30 min dans le four à 180 °C.
- Servez très chaud, avec une salade verte.

Cannellonis corses
Remplacez la ricotta par 500 g de brousse et ajoutez 200 g de coppa coupée en allumettes à la farce.

Cannellonis aux quatre fromages
Supprimez l'ail, le persil et le basilic de la recette. Remplacez la moitié de la ricotta par 200 g de gorgonzola et 200 g de mozzarella. Mixez la crème avant d'en farcir les cannellonis.

Cannellonis à la ricotta et aux courgettes
Remplacez 200 g de ricotta par 5 courgettes râpées et revenues à la poêle pendant 5 min avec 1 filet d'huile d'olive.

Cannellonis farcis aux légumes
Râpez 1 oignon, 1 blanc de poireau, 2 carottes, 1 branche de céleri et 2 courgettes. Faites-les revenir pendant 5 min avec du beurre puis mouillez avec 40 cl de bouillon de légumes. Ajoutez 20 cl de béchamel. Farcissez les cannellonis de ce mélange.

Carbonade au pain d'épice

Remplacez le pain rassis par du pain d'épice. Faites griller 100 g supplémentaire, coupez-le en cubes et servez ceux-ci avec la carbonade.

Carbonade au lard

Ajoutez 400 g de lard nature coupé en lardons ou conservé en longues lanières.

Pommes vapeur

On sert traditionnellement la carbonade avec des pommes de terre pelées cuites à la vapeur de 20 à 30 min selon leur taille.

Salade d'endives à la mimolette

Mélangez 4 endives coupées en rondelles, 100 g de mimolette taillée en dés, 2 c. à s. d'huile de noix, 2 c. à s. de vinaigre de vin et un peu de sel. Servez en entrée légère avant la carbonade.

CARBONADE FLAMANDE

Préparation : 40 min • **Cuisson :** 3 h • **Pour 6 personnes**

1,6 kg de viande de bœuf à braiser • 5 oignons • 30 g de beurre
3 c. à s. de farine • 4 c. à s. de vinaigre de vin rouge • 1 l de bière ambrée
4 c. à s. de cassonade • 4 branches de thym • 2 feuilles de laurier
3 clous de girofle • 100 g de pain rassis • sel et poivre

- Coupez la viande en tranches épaisses.
- Épluchez les oignons et coupez-les en rondelles.
- Faites fondre le beurre dans une cocotte et faites-y revenir les tranches de viande. Salez, poivrez, ajoutez l'oignon, la farine et laissez cuire pendant quelques minutes en tournant la viande sans griller les oignons.
- Versez le vinaigre dans la cocotte et poursuivez la cuisson de 2 à 3 min. Ajoutez la bière, 50 cl d'eau, la cassonade, le thym, le laurier, les clous de girofle et le pain rassis coupé en dés.
- Portez le mélange à ébullition, puis laissez mijoter pendant 2 h 30 à feu doux.
- Faites réduire le mélange pour obtenir une sauce très compacte.
- Faites griller quelques tranches de pain et détaillez-les en cubes.
- Servez bien chaud.

Champignons pimentés
Ajoutez 1 petit piment oiseau très finement haché à la préparation. Pour un goût plus doux, préférez 2 c. à c. de piment d'Espelette.

Poulet aux champignons
Pour un plat complet, coupez 4 blancs de poulet en dés et ajoutez-les dans la cocotte avec les autres ingrédients.

Champignons au bœuf et au persil
Hachez 2 biscottes trempées dans du lait avec 1 bouquet de persil, 5 gousses d'ail et 200 g de viande de bœuf cuite. Ajoutez 20 cl de crème fraîche. Faites cuire avec les lamelles de champignons.

Champignons aux poivrons
Remplacez le lard et le chorizo par 3 poivrons coupés en lamelles, que vous ferez revenir à la poêle pendant 10 min avant d'ajouter les autres ingrédients.

CHAMPIGNONS À LA MADRILÈNE

Préparation : 30 min • **Cuisson :** 30 min • **Pour 4 personnes**

750 g de champignons de Paris frais • 3 oignons
100 g de lard de poitrine fraîche • 300 g de chorizo fort
3 c. à s. d'huile d'olive • 3 c. à s. de concentré de tomates
100 g d'olives vertes dénoyautées • 20 cl de vin rouge • sel et poivre

- Enlevez la partie sableuse des champignons, passez-les très rapidement sous l'eau fraîche et séchez-les dans un linge propre. Découpez-les en grosses lamelles.
- Épluchez les oignons et coupés-les en dés.
- Coupez le lard en dés et le chorizo pelé en rondelles.
- Dans une cocotte, faites chauffer l'huile d'olive. Faites-y dorer les oignons puis ajoutez les champignons, le concentré de tomates, le lard, les olives et le chorizo. Versez le vin rouge. Poivrez un peu et salez modérément, les ingrédients eux-mêmes étant déjà très salés.
- Portez à ébullition et laissez mijoter pendant 20 min à feu doux.
- Servez bien chaud.

Chili aux poivrons
Faites revenir 1 poivron rouge et 1 poivron vert coupés en dés en même temps que les oignons.

Chili au céleri
Coupez 1 branche de céleri en rondelles et ajoutez-les à la préparation en même temps que les tomates.

Chili au porc
Remplacez le paleron de bœuf par 700 g de côtes de porc désossées et 300 g de lard fumé.

Riz à l'oignon
Faites revenir 1 oignon haché avec 1 c. à s. d'huile d'olive puis ajoutez 120 g de riz et 2 fois son volume d'eau. Faites cuire selon les indications sur le paquet. Servez le riz avec le chili.

CHILI CON CARNE

Préparation : 20 min • **Cuisson :** 3 h 40 • **Pour 4 personnes**

500 g de haricots rouges secs • 1 kg d'oignon • 3 clous de girofle 3 piments forts • 1 kg de paleron de bœuf • huile d'olive • 20 cl de vin blanc sec • 1 grande boîte de tomates pelées • 1 boîte moyenne de concentré • 1 boîte de maïs • Tabasco

- La veille, faites tremper les haricots dans de l'eau froide.
- Faites cuire les haricots dans 2 fois leur volume d'eau. Laissez bouillir pendant 15 min puis jetez l'eau. Renouvelez l'opération en ajoutant 1 oignon piqué de clous de girofle. Laissez bouillir pendant 5 min puis égouttez et réservez.
- Coupez la viande en morceaux.
- Faites revenir les piments avec 4 c. à s. d'huile d'olive. Retirez-les dès qu'ils commencent à noircir.
- Faites revenir la viande dans la même huile (ajoutez-en si nécessaire) pendant 5 min et réservez.
- Dans la même huile, faites revenir les oignons émincés. Laissez-les dorer, puis ajoutez le vin blanc et laissez réduire.
- Ajoutez la tomate pelée et le concentré de tomates. Portez à ébullition et laissez réduire de 20 à 30 min.
- Ajoutez la viande et les haricots, salez, poivrez, mélangez et laissez mijoter pendant 2 h. Ajoutez le maïs rincé et égoutté 10 min avant la fin de cuisson.
- Servez dans des assiettes creuses. Parsemez de quelques gouttes de tabasco et de quelques rondelles d'oignons.

CHOUX DE BRUXELLES EN RUBANS DE LARD FUMÉ

Préparation : 30 min • **Cuisson** : 40 min • **Pour 4 personnes**

2 tomates • 1 kg de petits choux de Bruxelles • 200 g d'oignons grelots
2 gousses d'ail • 20 tranches fines de poitrine fumée
20 g de beurre • 1 c. à s. d'huile d'olive • 3 feuilles de sauge
20 cl de vin blanc sec • sel et poivre

- Lavez les tomates. Coupez-les en morceaux.
- Lavez les choux, coupez leur base, retirez le petit trognon, et faites-les cuire pendant 20 min à la vapeur.
- Épluchez les oignons grelots ; épluchez l'ail et hachez-le après avoir retiré le germe.
- Coupez chaque tranche de poitrine en 3.
- Quand les choux sont cuits, égouttez-les et laissez-les tiédir, puis entourez chacun d'eux avec 1 morceau de poitrine qui sera maintenue par 1 pique en bois.
- Dans une cocotte, faites chauffer le beurre et l'huile et faites-y revenir les tomates et les oignons pendant 5 min. Ajoutez les feuilles de sauge, les choux de Bruxelles et l'ail haché.
- Couvrez et laissez mijoter doucement pendant 15 min, en mélangeant de temps en temps. Salez légèrement et poivrez.
- Au dernier moment, mettez sur feu vif. Arrosez de vin blanc (ne remettez pas le couvercle pour que le vin s'évapore) et servez aussitôt.

Autres choux

Vous pouvez remplacer les choux de Bruxelles par des brocolis, du chou-fleur ou du chou romanesco séparés en fleurettes.

Rôti de porc

Servez ce plat en accompagnement d'1 rôti de porc d'1 kg badigeonné d'huile et parsemé de romarin, cuit au four pendant 45 min.

Choux de Bruxelles à la moutarde

Faites revenir 1 oignon puis ajoutez 20 cl de crème fraîche allégée, 2 c. à s. de moutarde à l'ancienne et un peu de poivre. Ajoutez 1 kg de choux de Bruxelles cuits à la vapeur et laissez mijoter pendant 10 min.

Choux de Bruxelles à la savoyarde

Mettez 1 kg de choux de Bruxelles cuits à la vapeur dans 1 plat à gratin. Ajoutez 250 g de saucisses fumées coupées en rondelles, 200 g d'emmental râpé et 20 cl de crème liquide. Faites cuire au four préchauffé à 210 °C pendant 10 min.

Côtes de porc au xérès

Déglacez la sauce au miel avec 2 c. à s. de vinaigre de xérès ou de vinaigre balsamique.

Côtes de porc aux mangues

Remplacez les tranches d'ananas par 2 petites mangues coupées en cubes.

Côtes de porc à l'asiatique

Ajoutez dans la poêle avec l'ananas 2 carottes coupées en rondelles et cuites à la vapeur, 30 g de champignons noirs trempés dans de l'eau bouillante, 75 g de pousses de bambou et 3 c. à s. de sauce soja.

Semoule aux raisins secs

Servez ces côtes de porc avec 500 g de semoule cuite dans 2 fois son volume d'eau et parsemée de raisins secs trempés dans l'eau pendant 15 min.

CÔTES DE PORC ET ANANAS CARAMÉLISÉ

Préparation : 5 min • **Cuisson :** 15 min • **Pour 4 personnes**

2 c. à s. d'huile • 4 belles côtes de porc
quelques tranches d'ananas en boîte • 1 c. à s. de miel
sel et poivre

- Faites chauffer l'huile dans une grande poêle et faites-y cuire les côtes de porc pendant 7 min de chaque côté. Sortez-les de la poêle, salez-les, poivrez-les et gardez-les au chaud.

- Égouttez les tranches d'ananas.

- Jetez la graisse de cuisson de la viande et disposez les tranches d'ananas dans la même poêle.

- Faites chauffer, arrosez les tranches d'anans de miel et laissez-les caraméliser, sur feu doux, pendant quelques minutes sur les 2 faces.

- Remettez les côtes de porc dans la poêle sur les tranches d'ananas, pour qu'elles soient bien chaudes.

COURGETTES FARCIES AU QUINOA SAUCE CORIANDRE

Préparation : 15 min • **Cuisson :** 45 min • **Pour 4 personnes**

200 g de champignons de Paris • 1 gros oignon • 4 c. à s. d'huile d'olive
100 g de quinoa • 4 courgettes rondes • 1 bouquet de coriandre
50 g de parmesan râpé • 20 cl de crème liquide
½ cube de bouillon de légumes • sel et poivre

- Lavez et séchez les champignons. Hachez-les. Épluchez l'oignon et émincez-le.
- Faites suer ces ingrédients à l'huile d'olive dans une sauteuse en remuant bien. Jetez-y le quinoa. Ajoutez 25 cl d'eau, salez, poivrez et laissez cuire jusqu'à évaporation complète.
- Pendant ce temps, coupez le sommet des courgettes et évidez-les en conservant 1 cm de chair.
- Préchauffez le four à 180 °C.
- Lavez la coriandre, essuyez-la et hachez-la.
- Ajoutez au quinoa cuit la moitié du parmesan râpé et 1 c. à s. de coriandre hachée.
- Garnissez les courgettes de ce mélange. Saupoudrez de parmesan et faites cuire au four pendant 30 min.
- Dans une casserole, portez la crème à ébullition, dissolvez-y le cube de bouillon. Ajoutez ensuite le reste de coriandre. Arrêtez le feu aussitôt.
- Disposez les courgettes farcies dans des assiettes chaudes et nappez-les de sauce.

Aubergines farcies
Remplacez les courgettes par 2 belles aubergines coupées en 2 dans la longueur.

Courgettes aux céréales gourmandes
Remplacez le quinoa par la même quantité de céréales gourmandes (un mélange de blé dur, d'orge, d'avoine et de flocons de soja) cuites selon les indications sur le paquet.

Courgettes farcies à la viande
Mélangez 400 g de chair à saucisse avec 1/2 poivron, 1 oignon et 10 brins de persil hachés, et 1 jaune d'œuf. Farcissez les courgettes de ce mélange.

Persillade
Faites revenir 5 gousses d'ail hachées avec 1 filet d'huile d'olive, ajoutez ½ bouquet de persil haché et un peu d'eau. Salez, poivrez et laissez réduire. Servez la persillade avec les courgettes farcies.

Court-bouillon de moules aux lardons
Ajoutez 200 g de lardons revenus à la poêle sans matière grasse aux moules au moment de servir.

Moules marinières
Faites revenir 4 échalotes et 1 gousse d'ail hachés avec un peu de beurre dans une cocotte. Versez 20 cl de vin blanc. Ajoutez 2 l de moules lavées et laissez-les s'ouvrir. Parsemez de persil haché.

Moules au roquefort
Faites revenir 3 échalotes avec un peu de beurre. Ajoutez 50 cl de crème fraîche épaisse et 125 g de roquefort écrasé. Servez avec 2 l de moules cuites avec du vin blanc.

Moules au curry
Faites revenir 4 échalotes avec un peu de beurre dans une cocotte. Versez-y le vin blanc. Ajoutez 2 l de moules lavées, 1 bouquet garni et 2 c. à s. de curry en poudre. Laissez-les s'ouvrir.

COURT-BOUILLON DE MOULES ET LÉGUMES

Préparation: 20 min • **Cuisson**: 20 min • **Pour 4 personnes**

2 courgettes • 3 poireaux • 3 carottes • 3 tiges de céleri branche
1 sachet de court-bouillon • 2 l de moules • 1 petit pot de crème fraîche
sel et poivre

- Épluchez les légumes et coupez-les en petits morceaux après les avoir lavés.
- Préparez le court-bouillon en suivant les indications sur le sachet et faites-y cuire les légumes pendant 10 min environ.
- Retirez les légumes avec une écumoire et égouttez-les.
- Lavez les moules, plongez-les dans le court-bouillon pour qu'elles s'ouvrent puis égouttez-les et retirez les coquilles.
- Mélangez le jus de cuisson des moules filtré avec la crème puis ajoutez les moules et les légumes.
- Salez et poivrez.
- Servez bien chaud.

Criques au saumon fumé
Une fois les criques cuites, déposez sur chacune 1 tranche de saumon fumé. Décorez-les d'1 brin d'aneth.

Criques au jambon fumé
Mélangez 4 tranches de jambon fumé coupées en fines lanières aux pommes de terre râpées.

Criques de carottes
Remplacez les pommes de terre par la même quantité de carottes préalablement râpées. Ajoutez 2 c. à s. de fécule de pommes de terre aux carottes avant la cuisson.

Criques aux épinards
Remplacez 4 pommes de terre par 300 g d'épinards frais hachés.

CRIQUES PROVENÇALES AU CHÈVRE

Préparation : 15 min • **Cuisson :** 20 min • **Pour 4 personnes**

12 pommes de terre • 2 tomates moyennes • 2 fromages de chèvre ronds mi-frais • 4 c. à s. d'huile d'olive • 1 branche de romarin fleur de sel et poivre

- Épluchez les pommes de terre et râpez-les. Rincez-les et égouttez-les, puis pressez-les dans un linge propre pour les sécher.
- Lavez les tomates et coupez-les en rondelles.
- Coupez les fromages en rondelles.
- Préchauffez le four à 180 °C.
- Faites chauffer l'huile d'olive dans une grande poêle. Déposez-y 4 petits tas de pommes de terres et aplatissez-les avec une fourchette pour façonner des galettes. Retournez-les à mi-cuisson et faites-les bien dorer. Égouttez-les sur du papier absorbant avant de les disposer sur une plaque de four.
- Recouvrez chaque crique de rondelles de tomates et de chèvre.
- Faites cuire au four pendant 5 min et servez chaud parsemé de romarin et assaisonné de fleur de sel et de poivre.

Crumble de courgettes au Boursin
Recouvrez les courgettes d'1 pot de Boursin aux herbes ou au poivre. Remplacez le parmesan et les flocons d'avoine par 150 g de chapelure.

Crumble d'aubergines
Remplacez les courgettes par la même quantité d'aubergines.

Crumble de tomates à la mimolette
Remplacez les couragettes par la même quantité de tomates et utilisez 200 g de mimolette râpée à la place du parmesan et des flocons d'avoine.

Crumble de légumes aux noisettes
Remplacez les courgettes par 500 g de tomates cerises, 300 g de haricots verts surgelés décongelés et 300 g de fenouil. Remplacez les flocons d'avoine par 70 g de noisettes concassées.

CRUMBLE DE COURGETTES

Préparation : 30 min • **Cuisson :** 25 min • **Pour 6 personnes**

1 oignon • 2 échalotes • 1,2 kg de petites courgettes rondes
2 c. à s. d'huile d'olive • 12 feuilles de basilic • 70 g de parmesan râpé
90 g de farine • 70 g de flocons d'avoine • 125 g de beurre mou
sel et poivre

- Épluchez l'oignon et les échalotes. Émincez-les.
- Lavez les courgettes et coupez-les en fines rondelles.
- Faites chauffer l'huile d'olive dans une sauteuse et faites mijoter, à feu doux, les légumes, pendant 10 min, à couvert.
- Préchauffez le four à 180 °C.
- Lavez le basilic, essuyez-le et hachez-le finement.
- Ajoutez-le à la préparation aux courgettes avec le parmesan râpé. Salez, poivrez et mélangez.
- Pour la préparation du crumble, mélangez la farine, les flocons d'avoine et un peu de sel. Incorporez le beurre en morceaux en frottant la pâte entre les mains, de façon à lui donner une consistance sableuse.
- Versez les courgettes dans un moule à gratin. Recouvrez-les de pâte à crumble et faites cuire au four pendant 15 min.
- Servez chaud.

Cuisses de lapin farcies aux champignons
Remplacez la chair à saucisse par 300 g de champignons de Paris coupés en lamelles et parsemés de persil.

Cuisses de lapin à la moutarde
Badigeonnez les cuisses de lapin de 3 c. à s. de moutarde à l'ancienne mélangées avec 10 cl de crème fraîche épaisse avant de les faire cuire à la cocotte.

Cuisses de lapin au citron
Faites cuire les cuisses de lapin arrosées du jus de 3 citrons et parsemées de leur zeste. Ajoutez 1 yaourt nature en fin de cuisson.

Lapin aux pommes de terre et aux tomates
Faites cuire les cuisses de lapin pendant 30 min environ avec 6 grosses pommes de terre coupées en 2 et 6 tomates. Salez et poivrez.

CUISSES DE LAPIN FARCIES ET LÉGUMES AU THYM

Préparation : 30 min • **Cuisson :** 1 h • **Pour 4 personnes**

4 belles cuisses de lapin • 4 échalotes • 160 g de chair à saucisse
2 c. à s. d'huile d'olive • 4 carottes • 1/2 chou vert
300 g de champignons de Paris • 1 oignon • 2 feuilles de laurier
6 branches de thym • sel et poivre

- Désossez les cuisses de lapin : faites-y une entaille avec un couteau bien tranchant et découpez autour de l'os pour pouvoir le retirer.
- Épluchez les échalotes et émincez-les.
- Préparez la farce : mélangez la chair à saucisse avec les échalotes émincées. Salez et poivrez au moulin, puis farcissez les 4 cuisses avec cette préparation et attachez-les avec de la ficelle de cuisine pour refermer.
- Faites chauffer l'huile d'olive dans une cocotte et faites dorer les cuisses farcies pendant 10 min environ sur chaque face.
- Pendant ce temps, nettoyez les légumes et coupez-les en dés, sauf le chou qui sera tranché en lanières. Émincez l'oignon.
- Retirez la viande de la cocotte et, à sa place, mettez l'oignon émincé, les dés de légumes, les lanières de chou, le laurier et le thym effeuillé. Salez, poivrez, mélangez bien et laissez mijoter pendant 5 min. Remettez les cuisses dans la cocotte, couvrez et laissez cuire doucement pendant 40 min, en remuant de temps en temps.
- Servez bien chaud, nappé du jus de cuisson.

CUISSES DE POULET AUX ARTICHAUTS

Préparation : 15 min • **Cuisson** : 35 min • **Pour 6 personnes**

550 g de cœurs d'artichauts en boîte • 6 cuisses de poulet • 2 échalotes
1 gousse d'ail • 3 c. à s. d'huile • 20 cl de bouillon de volaille
10 cl de vermouth sec • ½ bouquet de basilic
100 g de pistaches décortiquées • sel et poivre

- Rincez les artichauts sous l'eau tiède et égouttez-les.
- Coupez les cuisses de poulet en 2 au niveau de la jointure.
- Épluchez les échalotes et l'ail. Émincez les échalotes, écrasez l'ail.
- Faites-les revenir avec 2 c. à s. d'huile chaude dans un wok ou une poêle antiadhésive.
- Ajoutez les morceaux de poulet et faites-les sauter pendant 5 min.
- Mouillez avec le bouillon et poursuivez la cuisson pendant 20 min à feu doux en retournant les morceaux de poulet plusieurs fois.
- Arrosez avec le vermouth, ajoutez les artichauts et le restant d'huile. Poivrez, salez si nécessaire et poursuivez la cuisson pendant 5 min.
- Lavez le basilic, séchez-le et ciselez-le.
- Incorporez le basilic et les pistaches à la sauce avant de servir.

Cuisses de poulet aux brocolis
Remplacez les artichauts par 600 g de brocolis séparés en fleurettes et cuits à la vapeur pendant 10 min.

Cuisses de poulet aux noix de cajou
Remplacez les pistaches par la même quantité de noix de cajou nature. Remplacez le basilic par de la citronnelle, ou à défaut, du citron vert.

Cuisses de poulet aux légumes asiatiques
Remplacez les artichauts par la même quantité d'un mélange de pousses de bambou, de germes de soja, de champignons noirs et de haricots mange-tout.

Côtes de porc aux artichauts
Remplacez les cuisses de poulet par 6 belles côtes de porc. Ajoutez 1 c. à s. de moutarde à la préparation.

Curry de lentilles aux épinards
Remplacez les pommes par 3 poignées de pousses d'épinard. Ajoutez 1 c. à c. de gingembre en poudre.

Curry de lentilles corail au lait de coco
Utilisez des lentilles corail à la place des lentilles classiques. Ajoutez 15 cl de lait de coco à la préparation. Parsemez le plat de noix de coco râpée.

Curry de pois chiches
Remplacez les lentilles par la même quantité de pois chiches en boîte et les pommes par 300 g de tomates concassées.

Naans
Pétrissez 250 g de farine avec 1/2 sachet de levure de boulanger, 1 c. à c. de sel, 2 c. à s. de yaourt nature, 3 c. à s. d'huile et 5 cl d'eau. Formez 1 boule et laissez-la reposer pendant 3 h. Formez 4 disques plats et faites-les cuire sous le gril du four de 2 à 3 min de chaque côté. Servez les naans avec le curry.

CURRY DE LENTILLES À LA DINDE

Préparation : 10 min • **Cuisson :** 50 min • **Pour 4 personnes**

2 blancs de dinde • 1 c. à s. de curry • 2 c. à s. d'huile d'olive
2 oignons rouges • 2 pommes acides • 300 g de lentilles vertes
1 feuille de laurier • 60 g de raisins secs blonds
1 l de bouillon de volaille • sel et poivre

- Détaillez les blancs de dinde en lamelles de 0,5 cm d'épaisseur. Enduisez-les de curry.
- Faites-les dorer dans une sauteuse avec l'huile d'olive.
- Épluchez les oignons et hachez-les. Pelez les pommes et coupez-les en petits dés.
- Versez-les dans la sauteuse et continuez à faire rissoler le tout. Quand tout est bien doré, ajoutez les lentilles et mélangez bien.
- Ajoutez ensuite la feuille de laurier, les raisins secs, le bouillon de légumes et portez à ébullition lente. Salez, poivrez et laissez mijoter pendant au moins 30 min jusqu'à ce que les lentilles soient tendres.
- Servez chaud.

DUO DE HARICOTS SAUCE POULETTE

Préparation : 15 min • **Cuisson** : 20 min • **Pour 4 personnes**

400 g de haricots verts • 400 g de haricots beurre
200 g de lardons allumettes • 30 g de beurre • 1 c. à c. de farine
30 cl de crème liquide • 2 jaunes d'œufs • le jus d'1 citron
parmesan • sel et poivre

- Lavez les haricots et équeutez-les.
- Plongez-les dans une grande casserole d'eau bouillante salée et laissez cuire jusqu'à ce qu'ils soient tendres.
- Faites rissoler les lardons dans une poêle anti-adhésive et réservez.
- Faites fondre le beurre dans une casserole, ajoutez la farine et faites cuire jusqu'à ce que le mélange soit lisse.
- Ajoutez la crème, porter à ébullition et laisser bouillir pendant 30 s.
- Hors du feu ajoutez les jaunes d'œufs et le jus de citron. Salez et poivrez.
- Disposez les haricots dans des assiettes chaudes, nappez-les de sauce et parsemez de lardons et de parmesan.

Duo de haricots sautés
Une fois les haricots cuits à l'eau, faites-les revenir à la poêle avec 1 c. à s. d'huile et 1 noix de beurre pendant 10 min.

Duo de haricots au cantal
Remplacez le parmesan par 100 g de cantal râpé. Faites gratiner sous le gril du four.

Duo de haricots aux tomates
Faites revenir 1 oignon haché et 500 g de tomates coupées en morceaux dans une cocotte. Ajoutez les haricots, 1 gousse d'ail et 1 bouquet garni. Couvrez hermétiquement et faites cuire pendant 1 h 30 à feu très doux.

Duo de haricots gratinés
Faites cuire les 2 sortes de haricots dans de l'eau bouillante agrémentée d'1 carotte, d'1 oignon piqué d'1 clou de girofle et d'1 bouquet garni. Mettez les haricots dans 1 plat à gratin avec 3 c. à s. d'eau de cuisson. Parsemez-les de chapelure et de noisettes de beurre. Faites gratiner sous le gril du four.

Empanadas rapides
Plutôt que de faire la pâte vous-même, utilisez de la pâte brisée ou de la pâte à pain prête à l'emploi.

Empanadas aux raisins secs
Ajoutez à la farce 2 poignées de raisins secs que vous ferez préalablement tremper dans de l'eau pendant 15 min.

Empanadas à la patate douce
Utilisez seulement 350 g de viande hachée et complétez par 150 g de patate douce coupée en petits dés cuits à l'eau. Ils doivent rester un peu fermes.

Empanadas au thon
Remplacez le bœuf haché par la même quantité de thon au naturel en boîte. Ajoutez éventuellement 1 poivron rouge coupé en petits dés.

EMPANADAS À LA MENDOCINA

Préparation : 30 min • **Cuisson :** 30 min • **Pour 4 personnes**

Pour la pâte : 40 g de beurre • 2 c. à s. de sucre • 2 jaunes d'œufs
2 c. à c. de paprika • 500 g de farine
Pour la farce : 500 g d'oignons • 25 g de beurre • 500 g de bœuf haché
3 gousses d'ail • 3 c. à c. de sel aromatisé • 1 c. à c. de piment en poudre
origan • olives • 2 œufs durs • sel et poivre

- Préparez la farce la veille : épluchez les oignons et émincez-les. Faites-les blondir dans une poêle avec le beurre chaud. Ajoutez ensuite la viande et faites-la également dorer.

- Saisissez les gousses d'ail dans une petite casserole avec le sel aromatisé et le piment. Écrasez-les et mélangez-les jusqu'à obtention d'une petite purée épicée.

- Incorporez-la à la farce. Salez et poivrez, saupoudrez d'origan et faites réduire complètement à feu doux sans cesser de remuer.

- Préparez la pâte : mélangez dans un saladier le beurre avec 50 cl d'eau salée, 1 jaune d'œuf, le sucre et le paprika. Pétrissez la pâte sans trop la travailler en ajoutant progressivement la farine. Mettez en boule puis façonnez des disques de 10 à 15 cm de diamètre sur 4 mm d'épaisseur environ.

- Préchauffez le four à 190 °C.

- Garnissez chaque disque avec 1 c. à s. de farce et les œufs durs coupés en dés. Repliez les disques en 2 et soudez les bords. Il ne doit pas rester d'air à l'intérieur. Badigeonnez les empanadas au jaune d'œuf, disposez-les dans un plat allant au four et faites cuire pendant 15 min environ.

- Servez chaud.

ÉPIS DE MAÏS AU BEURRE D'ESTRAGON

Préparation : 15 min • **Cuisson** : 30 min • **Pour 4 personnes**

4 beaux épis de maïs • 5 feuilles d'estragon frais
150 g de beurre ramolli • sel et poivre

- Ôtez les feuilles et les barbes de maïs et faites cuire les épis à la vapeur pendant environ 25 min. Laissez refroidir.

- Rincez les feuilles d'estragon et séchez-les. Hachez-les finement et mélangez-les avec le beurre. Salez et poivrez.

- Tartinez chaque épi de maïs refroidi avec le mélange de beurre et d'estragon.

- Disposez les épis dans un plat à gratin et passez-les sous le gril du four, pendant 5 min environ, de chaque côté.

- Servez, bien chaud, dès la sortie du four.

Épis de maïs au barbecue
Enveloppez les épis de maïs ébarbés dans 4 feuilles de papier d'aluminium. Faites-les cuire de 10 à 12 min au barbecue, en les retournant régulièrement.

Épis de maïs à la sauce soja
Servez les épis de maïs nappés de beurre et arrosés de 1 à 2 c. à s. de sauce soja chacun.

Beurre d'échalotes
Faites réduire 2 échalotes hachées avec 20 cl de vin blanc. Salez et poivrez. Mélangez à 150 g de beurre ramolli. Servez le beurre avec les épis de maïs.

Beurre au roquefort
Mixez 100 g de roquefort avec 150 g de beurre ramolli. Servez le beurre avec les épis de maïs.

Escalopes à l'avocat poêlé

Coupez 3 avocats en lamelles et faites-les revenir à la poêle pendant 5 min. Ajoutez-les au plat au moment de servir.

Escalopes au soja

Ajoutez 300 g de germes de soja dans la poêle en même temps que la viande.

Escalopes de dinde farcies

Mixez 16 tomates confites avec 200 g de feta. Garnissez 4 escalopes de dinde de ce mélange, roulez-les et maintenez-les avec des piques. Faites-les cuire à la poêle.

Escalopes de dinde au paprika

Faites revenir 3 oignons hachés avec un peu d'huile d'olive. Ajoutez 4 escalopes de dinde, saupoudrez de 3 c. à s. de paprika et faites cuire pendant 10 min environ. Ajoutez 20 cl de crème fraîche épaisse.

ESCALOPES DE DINDE À LA SAUCE TABASCO

Préparation : 15 min • **Cuisson :** 20 min • **Pour 4 personnes**

pour la marinade : 3 gousses d'ail • 3 c. à s. d'huile d'olive
le jus d'1 citron • 1 branche d'estragon frais
pour les escalopes : 750 g d'escalopes de dinde • 1 botte de ciboules
40 g de beurre • 30 cl de crème fraîche épaisse • sauce Tabasco
noix muscade • 1 cube de bouillon de volaille • sel et poivre

- Épluchez les gousses d'ail et hachez-les après avoir retiré le germe.

- Préparez la marinade en mélangeant l'huile d'olive, le jus de citron, l'ail et l'estragon. Salez et mélangez.

- Coupez les filets de dinde en morceaux. Déposez-les dans un plat creux et arrosez-les de marinade. Couvrez d'un film étirable et laissez reposer de 1 à 2 h, à température ambiante.

- Lavez les ciboules, égouttez-les et hachez-les.

- Faites chauffer la moitié du beurre, faites-y revenir les ciboules pendant 2 min à feu moyen puis retirez-les de la poêle. Ajoutez le reste du beurre et faites cuire la viande pendant 10 min environ. Remuez, rajoutez les ciboules puis réservez au chaud.

- Mélangez, dans 1 autre récipient, la crème fraîche, un peu de noix muscade râpée, du sel, du poivre, un peu de Tabasco et 10 cl environ de bouillon préparé avec le cube, selon le mode d'emploi.

- Faites cuire la sauce pendant quelques minutes pour qu'elle s'épaississe. Puis versez-la sur la viande et les ciboules et servez très chaud.

Étuvée de céleri
et pignons de pin
Faites griller 50 g de pignons de pin à sec dans une poêle et parsemez-en le plat juste avant de servir.

Étuvée de céleri
au gingembre
Ajoutez 1 c. à c. de gingembre en poudre ou 1 petit morceau de gingembre frais haché dans l'eau de cuisson des légumes.

Étuvée de navet
Remplacez la branche de céleri par 1 gros ou 2 petits navets coupés en très fins bâtonnets.

Étuvée de céleri
au cœur de blé
Remplacez le quinoa par la même quantité de cœur de blé, que vous ferez cuire selon les indications sur le paquet.

ÉTUVÉE DE CÉLERI AU QUINOA

Préparation: 10 min • **Cuisson**: 30 min • **Pour 4 personnes**

1 branche de céleri • 200 g de carottes • 100 g d'olives noires dénoyautées
2 c. à s. d'huile d'olive • 1 gousse d'ail • 150 g de quinoa
brins de ciboulette • sel et poivre

- Épluchez les légumes et coupez-les en bâtonnets.
- Hachez les olives grossièrement.
- Faites chauffer l'huile dans une sauteuse. Jetez-y les légumes et les olives. Ajoutez 10 cl d'eau, poivrez, couvrez le plat et laissez mijoter à très petit feu pendant 15 min.
- Retirez les légumes une fois cuits avec une écumoire et réservez-les au chaud.
- Écrasez l'ail avec sa peau.
- Jetez le quinoa préalablement rincé dans le jus restant des légumes, couvrez de 30 cl d'eau, ajoutez l'ail, du sel et du poivre. Couvrez. Laissez cuire jusqu'à absorption complète de l'eau.
- Servez le quinoa entouré des légumes et parsemé de ciboulette ciselée.

Filets de hocki en croûte d'amandes
Remplacez les noix par 100 g de poudre d'amandes.

Filets de saumon en croûte de noix
Remplacez le hocki par des filets de saumon. Vous pouvez aussi utiliser de la truite.

Filets de hocki en croûte de légumes
Versez 1/2 bulbe de fenouil, 1 carotte et 1/2 branche de céleri coupés en morceaux dans le bol d'un mixeur. Ajoutez 1 gousse d'ail, 1 oignon et 20 brins de ciboulette hachés. Mixez. Ajoutez 2 c. à s. de chapelure. Nappez les filets de ce mélange et faites cuire.

Poêlée de minilégumes
Faites revenir à la poêle 500 g de minilégumes mélangés (minicarottes, mini épis de maïs, miniaubergines, etc.) pendant 10 min avec de l'huile d'olive. Ajoutez 1 c. à s. de sucre en poudre en fin de cuisson. Servez avec le hocki.

FILET DE HOCKI EN CROÛTE DE NOIX

Préparation : 15 min • **Cuisson :** 20 min • **Pour 4 personnes**

100 g de noix • 100 g de cantal râpé • 2 c. à s. de chapelure
30 g de beurre • 4 filets de hocki • huile d'olive • poivre

- Préchauffez le four à 210 °C.
- Concassez les noix sans les réduire en poudre.
- Mettez-les dans un bol avec le cantal râpé, la chapelure, le beurre ramolli et du poivre. Mélangez et agglomérez un peu les éléments.
- Roulez les filets de hocki et maintenez-les si nécessaire avec 1 petite pique en bois. Recouvrez-les d'une bonne couche du mélange aux noix en pressant pour les faire adhérer au poisson.
- Placez ces rouleaux dans un plat à four huilé et faites cuire pendant 20 min environ. Lorsque la croûte est bien dorée, sortez les rouleaux du four et servez-les aussitôt.

Filet de porc aux noix de cajou
Parsemez la viande cuite de 70 g de noix de cajou grossièrement concassées. À défaut, utilisez des cacahuètes nature.

Filets de porc à la coriandre
Remplacez la menthe par 1/2 bouquet de coriandre fraîche ciselée.

Germes de soja sautés
Faites sauter 250 g de germes de soja dans 2 c. à s. d'huile chaude pendant 5 min. Servez-les avec le plat.

Chutney de mangue
Dans une casserole, versez 2 oignons émincés, 2 mangues coupées en dés, 1 c. à s. de miel, 10 cl de rhum et un peu de sel. Faites cuire à feu doux, pendant 10 min en remuant souvent. Servez le chutney avec le plat.

FILET DE PORC THAÏ

Préparation : 5 min • **Cuisson :** 10 min • **Pour 4 personnes**

4 gousses d'ail • 20 feuilles de menthe fraîche • 3 c. à s. de sauce soja
2 c. à s. de sucre en poudre • 8 tranches fines de filet de porc
huile de tournesol

- Épluchez l'ail et hachez-le après avoir ôté le germe.
- Lavez la menthe et séchez-la. Conservez-en quelques-unes entières pour la décoration et ciselez le reste.
- Mélangez l'ail, la menthe, la sauce soja et le sucre.
- Faites mariner les tranches de porc dans cette préparation pendant 1 h. Elles doivent être bien imbibées.
- Égouttez légèrement la viande et faites-la cuire rapidement (pendant 2 min de chaque côté) à la poêle avec un peu d'huile. Ne salez pas : la sauce soja est déjà salée.
- Servez en ajoutant quelques feuilles de menthe.

Filets de perche au cumin

Remplacez le gingembre par 2 c. à c. de cumin en poudre. Vous pouvez aussi utiliser du curry ou du paprika.

Filets de perche aux poireaux

Remplacez le gingembre par 3 blancs de poireaux coupés en rondelles et revenus à l'huile d'olive de 10 à 15 min.

Papillotes aux brocolis ou aux asperges

Avant de fermer les papillotes, on peut ajouter 200 g brocolis ou d'asperges vertes blanchis pendant 5 min dans de l'eau bouillante salée.

Riz noir

Servez ce plat accompagné de riz sauvage cuit dans de l'eau bouillante que vous agrémenterez de 1 à 2 c. à s. de sauce soja pour colorer le riz en noir.

FILETS DE PERCHE AU GINGEMBRE

Préparation : 15 min • **Cuisson :** 20 min • **Pour 4 personnes**

1 orange • 5 branches de persil plat • 3 cm de gingembre frais noix muscade râpée • 1 c. à s. d'huile d'olive • 4 filets de perche sel et poivre

- Préchauffez le four à 180 °C.
- Lavez l'orange et séchez-la puis prélevez la moitié du zeste et taillez-le en petits filaments.
- Rincez le persil, séchez-le et ciselez-le finement.
- Pelez le gingembre et hachez-le.
- Pressez l'orange et versez le jus dans une casserole. Faites chauffer et laissez réduire de moitié.
- Retirez la casserole du feu et ajoutez le gingembre. Puis, ajoutez un peu de noix muscade, l'huile d'olive, du sel et du poivre.
- Préparez 4 grands carrés de papier d'aluminium.
- Déposez 1 filet de perche sur chaque carré et arrosez-le de sauce. Parsemez de zestes d'orange et de persil ciselé.
- Repliez les bords du papier d'aluminium pour former des papillotes, en marquant bien les plis, de façon à les fermer hermétiquement.
- Mettez au four et laissez cuire pendant 15 min, puis ouvrez les papillotes avant de les servir.

Fleurs de saumon au pain d'épice

Émiettez 6 tranches de pain d'épice grillé et utilisez cette préparation à la place de la chapelure.

Fleurs de saumon au Ras-el-hanout

Supprimez le ketchup et la ciboulette. Ajoutez 2 c. à c. de Ras-el-hanout en poudre et 1 yaourt brassé nature à la préparation.

Fleurs de poulet

Remplacez le saumon par 400 g de filet de poulet cuit à l'eau et haché. Ajoutez 1 pincée de poivre vert pour relever le tout.

Fleurs de deux légumes au saumon

Remplacez la moitié des pommes de terre par 300 g de carottes, de chou-fleur ou de brocolis.

FLEURS DE SAUMON

Préparation : 20 min • **Cuisson :** 38 min • **Pour 8 fleurs**

600 g de pommes de terre • 400 g de filet de saumon
8 tiges de ciboulette • 2 c. à s. de ketchup • 1 œuf
3 c. à s. de chapelure • 3 c. à s. d'huile d'olive • sel

- Lavez les pommes de terre, pelez-les et faites-les cuire pendant 20 min dans de l'eau bouillante salée.
- Faites cuire le saumon sans la peau pendant 10 min à l'eau bouillante.
- Lavez la ciboulette, séchez-la et ciselez-la.
- Écrasez les pommes de terre et mélangez-les avec le ketchup, l'œuf et la ciboulette. Ajoutez le saumon émietté, la chapelure, salez et mélangez encore.
- Préchauffez le four à 180 °C.
- Étalez la préparation et découpez des croquettes en forme de fleur à l'aide d'un emporte-pièce.
- Enrobez-les de chapelure, badigeonnez-les d'huile d'olive et placez-les sur une plaque antiadhésive allant au four en les espaçant légèrement.
- Faites cuire les fleurs de saumon pendant environ 8 min en les retournant à mi-cuisson.

FONDS D'ARTICHAUT AUX DEUX SAUMONS

Préparation : 30 min • **Cuisson** : 30 min • **Pour 4 personnes**

4 artichauts • 200 g de feuilles de bettes • 60 g de beurre
1 petite gousse d'ail • 250 g de pavé de saumon frais
150 g de saumon fumé • noix muscade râpé • 2 c. à s. de crème fraîche
50 g de gruyère râpé • sel et poivre

- Faites cuire les artichauts à l'eau bouillante salée pendant 15 min, puis égouttez-les et laissez-les refroidir.
- Lavez les feuilles de bettes, séchez-les dans un linge propre et hachez-les grossièrement.
- Faites-les cuire à la poêle pendant 5 min avec 30 g de beurre et l'ail bien écrasé.
- Préchauffez le four à 180 °C.
- Coupez le saumon frais en petits dés et le saumon fumé en lanières. Mettez-les dans un saladier avec les bettes, un peu de muscade râpée et mélangez bien avec la crème fraîche. Salez et poivrez.
- Enlevez le foin et les feuilles des artichauts en conservant une rangée en forme de couronne. Remplissez avec la préparation, saupoudrez de gruyère râpé et faites cuire au four pendant 10 min.
- Servez très chaud.

Fonds d'artichaut aux endives
Remplacez les feuilles de bettes par 2 endives hachées revenues à la poêle.

Champignons farcis aux deux saumons
Remplacez les fonds d'artichaut par 4 très gros chapeaux de champignons de Paris crus ou cuits.

Pommes de terre farcies aux deux saumons
Faites cuire 4 grosses pommes de terre dans de l'eau bouillante salée. Coupez-les en 2, prélevez un peu de chair, mélangez-la avec la préparation aux saumons et garnissez-en les demi pommes de terre.

Fonds d'artichaut aux champignons et raisins secs
Faites revenir 1 oignon émincé avec de l'huile, ajoutez 3 champignons de Paris hachés, 1 c. à s. de raisins secs et 2 brins de persil ciselés. Hors du feu, ajoutez 1 c. à s. de fromage blanc. Garnissez 4 fonds d'artichaut cuits de ce mélange.

Galettes de pommes au haddock
Remplacez le hareng par 4 filets de haddock. Vous pouvez aussi utiliser 12 petites sardines.

Galettes aux betteraves
Remplacez les pommes par 2 petites betteraves rouges cuites râpées. Ajoutez quelques gouttes de jus de betterave à la sauce pour la rendre rose.

Galettes aux épinards
Remplacez les pommes par 600 g d'épinards frais hachés cuits à l'eau. Vous pouvez aussi utiliser de l'oseille.

Galettes au fenouil
Remplacez les pommes par 1 bulbe de fenouil.

GALETTES AUX POMMES ET AU HARENG FUMÉ

Préparation : 30 min • **Cuisson :** 25 min • **Pour 4 personnes**

3 oignons • 700 g de pommes de terre • 2 belles pommes • 1 petit bouquet de persil • 2 œufs • 4 c. à s. de farine • 6 c. à s. d'huile d'olive 1 pot de fromage blanc • 1 bouquet d'aneth • le zeste d'1citron 4 filets de hareng • 1 c. à s. de baies rouges • sel et poivre

- Épluchez les oignons et râpez-les.
- Pelez les pommes de terre et les pommes, rincez-les et râpez-les.
- Lavez le persil, séchez-le et hachez-le.
- Mélangez les pommes de terre et les pommes râpées avec les oignons, les œufs, la farine et le persil. Salez et poivrez, puis formez 12 galettes aplaties avec cette préparation.
- Dans une poêle, faites chauffer 2 c. à s. d'huile d'olive et faites dorer 4 galettes pendant 4 min environ de chaque côté. Gardez au chaud. Renouvelez l'opération pour les autres galettes, en rajoutant de l'huile.
- Préparez une sauce en mélangeant le fromage blanc, l'aneth (réservez-en quelques brins) et le zeste de citron coupé très finement ainsi que les baies rouges. Poivrez.
- Étalez les filets de hareng, garnissez-les d'1 c. à s. de sauce et roulez-les ; puis déposez 1 hareng farci sur chaque galette.
- Décorez les galettes avec des brins d'aneth et des baies rouges.

Galettes de légumes au chorizo
Ajoutez 150 g de chorizo fort coupé en fines lamelles à la préparation.

Galettes de légumes d'hiver
Remplacez les courgettes par 150 g de chou-fleur et la roquette par des endives.

Galettes aux poivrons
Remplacez les carottes par 1 gros poivron jaune passé rapidement au mixeur.

Galettes de légumes aux épices
Ajoutez 1 c. à c. de curcuma, 1 c. à c. de Ras-el-hanout, 1 c. à c. de cumin et 1 pincée de gingembre en poudre à la préparation. Pour la pimenter davantage, ajoutez 1 pincée de piment de Cayenne.

GALETTES CROUSTILLANTES AUX LÉGUMES

Préparation : 40 min • **Cuisson :** 30 min • **Pour 4 personnes**

1 kg de pommes de terre • 2 carottes • 2 petites courgettes • 2 oignons 50 g de roquette • 50 g de mâche • 3 œufs • huile pour friture sel et poivre

- Épluchez les pommes de terre et les carottes, rincez-les puis râpez-les. Rincez les courgettes, séchez-les et râpez-les.
- Laissez égoutter tous ces légumes dans une passoire, pendant 15 min environ, après les avoir salés et couverts.
- Épluchez les oignons et émincez-les.
- Rincez les salades, séchez-les et ciselez-les.
- Battez les œufs en omelette.
- Dans un saladier, mélangez les légumes, les salades et les oignons ainsi que les œufs battus. Salez, poivrez et remuez.
- Préchauffez le four à 150 °C.
- Dans une poêle, faites chauffer de l'huile à feu vif. Déposez 2 c. à s. de la préparation et aplatissez-la pour former des galettes.
- Faites dorer les galettes sur chaque face, puis gardez-les au chaud dans le four tiède et continuez la cuisson des autres galettes en rajoutant de l'huile si nécessaire.

Gâteaux de champignons au saint-marcellin

Ajoutez 100 g de saint-marcellin coupé en petits morceaux à la prépaparation juste avant de remplir les ramequins.

Gâteaux de choux de Bruxelles

Remplacez les champignons par la même quantité de choux de Bruxelles.

Sauce à la moutarde

Cinq min avant de servir, faites réchauffer la sauce en y ajoutant 2 c. à s. de moutarde à l'ancienne et 1 c. à s. de farine. Laissez épaissir.

Sauce au riesling

Cinq minutes avant de servir, versez la sauce dans une casserole et ajoutez 10 cl de riesling. Faites chauffer à feu doux pendant 5 min.

GÂTEAUX DE CHAMPIGNONS

Préparation : 25 min • **Cuisson :** 1 h • **Pour 4 personnes**

4 échalotes • 600 g de champignons de Paris • 20 cl de bouillon de volaille
60 g de beurre • 50 cl de crème fraîche • 4 blancs d'œufs
1 gousse d'ail • 2 brins de persil • sel et poivre

- Épluchez les échalotes et émincez-les.
- Rincez les champignons et émincez-en 1/3. Gardez les autres entiers.
- Faites fondre les échalotes dans une sauteuse avec 25 g de beurre chaud.
- Ajoutez les champignons émincés, le bouillon de volaille et 40 cl de crème fraîche. Salez et poivrez. Faites cuire pendant 20 min à feu doux. Passez la préparation au tamis pour séparer la sauce des champignons. Réservez la sauce à part.
- Faites revenir les champignons entiers dans le beurre restant.
- Préchauffez le four à 180 °C.
- Mixez la préparation champignons/échalotes, puis ajoutez 10 cl de crème fraîche et les blancs d'œufs et mixez de nouveau.
- Épluchez l'ail et hachez-le. Lavez le persil, séchez-le et ciselez-le. Ajoutez le tout au mélange précédent avec les champignons entiers et mélangez le tout. Versez ce mélange dans des ramequins légèrement beurrés.
- Faites cuire dans un bain-marie au four de 20 à 25 min.
- Laissez refroidir pendant quelques minutes avant de démouler et nappez les gâteaux avec la sauce réchauffée.

GNOCCHIS ET POTIRON AU PARMESAN

Préparation : 10 min • **Cuisson :** 12 min • **Pour 4 personnes**

850 g de potiron • 4 c. à s. d'huile d'olive • 800 g de gnocchis frais
6 feuilles de sauge • parmesan râpé • sel et poivre

- Pelez le potiron et coupez la chair en petits dés.
- Dans une poêle, faites chauffer l'huile d'olive et faites-y dorer les dés de potiron pendant 10 min environ. Salez et poivrez.
- Faites cuire les gnocchis, selon les indications données sur le paquet, puis égouttez-les.
- Rincez les feuilles de sauge, séchez-les, ciselez-les, puis parsemez-en les gnocchis.
- Mélangez avec le potiron et parsemez de parmesan râpé.
- Vérifiez l'assaisonnement et servez aussitôt.

Gnocchis et potiron au fromage de brebis
À la place du parmesan, vous pouvez utiliser du fromage de brebis râpé.

Gnocchis à la ciboulette
Mélangez 20 cl de crème fraîche épaisse avec 20 brins de ciboulette ciselés. Faites chauffer et servez avec les gnocchis. Supprimez la sauge.

Gnocchis aux carottes
Remplacez le potiron par la même quantité de carottes dorées à la poêle pendant 20 min avec 1 c. à s. de sucre en poudre.

Gnocchis maison
Écrasez 500 g de pommes de terre cuites à l'eau avec 1 jaune d'œuf et 100 g de farine. Malaxez à la main en incorporant 10 g de beurre. Formez 1 boule puis divisez-la en petits boudins aplatis. Faites cuire les gnocchis dans de l'eau bouillante salée et récupérez-les dès qu'ils remontent à la surface.

Autres fromages
Remplacez la mimolette par du parmesan, du cantal ou même du reblochon.

Gratin aux champignons
Ajoutez 200 g de champignons de Paris frais coupés en lamelles et cuits à la poêle avec un peu d'huile pendant 10 min.

Gratin de chou romanesco
Remplacez les brocolis par la même quantité de chou romanesco séparés en bouquets. Ajoutez 1 pincée de paprika.

Gratin de courgettes et tomates
Versez dans un plat à gratin 1 kg de courgettes coupées en rondelles cuites à la vapeur pendant 10 min, 1 boîte de tomates concassées, 2 c. à c. d'herbes de Provence. Parsemez d'emmental râpé et faites gratiner sous le gril du four.

GRATIN DE POMMES DE TERRE ET BROCOLIS À LA MIMOLETTE

Préparation : 15 min • **Cuisson :** 55 min • **Pour 4 personnes**

1 kg de pommes de terre • 400 g de brocolis • 130 g de mimolette
1 c. à c. de Maïzena • 30 cl de crème liquide • noix muscade râpée
20 g de beurre • sel et poivre

- Rincez les pommes de terre et faites-les cuire à la vapeur pendant 20 min, puis égouttez-les.
- Rincez les brocolis, puis détachez les bouquets et enlevez les parties dures. Faites-les cuire pendant 10 min, à la vapeur, et égouttez-les, puis salez-les.
- Épluchez les pommes de terre et coupez-les en rondelles puis salez-les.
- Préchauffez le four à 210 °C.
- Râpez la moitié de la mimolette. À l'aide d'un épluche-légumes, détaillez l'autre moitié en copeaux.
- Dans une casserole, mélangez la Maïzena avec 1 c. à s. de crème liquide, puis ajoutez le reste de la crème et faites chauffer à feu doux en remuant sans arrêt jusqu'à épaississement.
- Retirez du feu. Salez, poivrez et parfumez avec un peu de noix muscade râpée. Remuez bien en ajoutant la mimolette râpée.
- Dans un plat à gratin beurré, répartissez les rondelles de pommes de terre en alternant avec les bouquets de brocolis. Recouvrez avec la sauce épaisse et faites cuire au four pendant environ 10 min, puis parsemez de copeaux de mimolette et remettez au four pour 5 min.

Gratinée de coques aux herbes

Remplacez les moules par la même quantité de coques. Vous pouvez également utiliser des amandes, mais le goût sera moins raffiné.

Gratinée de moules au pesto

Remplacez la crème aux herbes par 1 pot de pesto au basilic. Vous pouvez également utiliser du pesto rosso.

Gratinée de moules au chorizo

Coupez 70 g de chorizo en petits cubes ou en rondelles, faites-les dorer à la poêle sans matières grasses et ajoutez-les dans les cassolettes.

Gratinée de moules au céleri

Remplacez les herbes par 1 branche de céleri coupée en rondelles cuites à l'eau pendant 10 min.

GRATINÉE DE MOULES AUX HERBES

Préparation : 15 min • **Cuisson :** 20 min • **Pour 4 personnes**

2 l de moules • 1 échalote • 5 brins de persil • 5 brins de coriandre
2 brins de menthe • 15 g de beurre • 20 cl de vin blanc
20 cl de crème liquide • 1 c. à c. de Maïzena
40 g de parmesan râpé • sel et poivre

- Lavez soigneusement les moules et triez-les.
- Épluchez l'échalote et hachez-la.
- Lavez les herbes, séchez-les et ciselez-les.
- Dans un faitout, faites fondre l'échalote hachée avec le beurre pendant 2 min à feu doux. Ajoutez le vin blanc et laissez réduire pendant 5 min.
- Jetez les moules dans le faitout et poivrez-les. Retournez-les régulièrement jusqu'à ce qu'elles soient toutes ouvertes. Arrêtez le feu et décoquillez-les lorsqu'elles sont tièdes.
- Préchauffez le gril du four.
- Filtrez le jus de cuisson et faites-le réduire de moitié dans une casserole. Ajoutez la Maïzena délayée dans un peu de crème ainsi que le reste de la crème. Faites bouillir pendant 1 min et incorporez hors du feu le parmesan et les herbes ciselées.
- Répartissez les moules dans des cassolettes, nappez-les de sauce et faites légèrement dorer la surface en passant les cassolettes pendant 1 min sous le gril du four.
- Servez chaud.

Haddock grillé

Faites mariner le haddocck coupé en morceaux dans de l'huile pendant 2 h. Déposez-le sur une plaque et faites-le griller sous le gril du four de 8 à 10 min sur chaque face.

Haddock à la crème

Faites cuire 6 pommes de terre coupées en dés et 4 blancs de poireaux coupés en rondelles à la poêle avec un peu d'huile. Ajoutez 20 cl de crème liquide et 1 bouquet de thym effeuillé. Servez avec 600 g de haddock poché au lait.

Haddock à la tomate et au basilic

Laissez mijoter pendant 10 min 1 boîte de tomates concassées avec 1 bouquet de basilic ciselé. Ajoutez 1 noix de beurre sur 600 g de haddock poché au lait et nappez-le de sauce.

Pâtes au coulis de poivron

Pour un repas végétarien, serez 500 g de tagliatelles cuites dans de l'eau bouillante salée nappées de coulis de poivron et saupoudrées de parmesan râpé.

HADDOCK AU COULIS DE POIVRON

Préparation : 25 min • **Cuisson** : 40 min • **Pour 4 personnes**

3 poivrons • 3 gousses d'ail • 1 c. à s. d'huile d'olive
10 cl de bouillon de volaille • 600 g de haddock • 20 cl de lait
100 g de câpres • fleur de sel • sel et poivre

- Préchauffez le gril du four.
- Coupez les poivrons en 2, enlevez les graines, huilez légèrement la peau et faites-les cuire sous le gril jusqu'à ce que la peau soit uniformément brune. Enfermez les poivrons dans un sac en plastique et laissez tiédir. Pelez-les ensuite et coupez-les grossièrement.
- Épluchez l'ail puis hachez-le finement.
- Faites chauffer l'huile dans une poêle et faites-y revenir l'ail. Ajoutez les poivrons, du sel et du poivre et mouillez avec le bouillon de volaille. Laissez mijoter pendant 10 min à couvert.
- Passez le mélange au mixeur et remettez-le à cuire sans couvercle pour le faire réduire jusqu'à une consistance de coulis épais.
- Placez le haddock dans une casserole. Couvrez-le de lait et faites-le pocher à feu très doux pendant 10 min.
- Égouttez-le et servez-le avec le coulis parsemé de câpres et de fleur de sel.
- Ce plat peut se manger chaud ou froid.

Jarrets de veau
Vous pouvez remplacer les jarrets de porc par des jarrets de veau, que vous préparerez de la même manière.

Jarrets de porc aux navets confits
Remplacez les fèves par 1 kg de navets coupés en 4, dorés à la poêle avec un peu d'huile puis laissés à mijoter à feu doux pendant 1 h 15. Servez avec les jarrets.

Jarrets de porc aux pruneaux
Supprimez les fèves. Faites tremper 500 g de pruneaux dans de l'eau chaude pendant 1 h. Égouttez-les et ajoutez-les dans la cocotte contenant la viande 30 min avant la fin de la cuisson de celle-ci.

Jarrets de porc aux ananas
Supprimez les fèves. Ajoutez le contenu d'1 boîte d'ananas au sirop dans le plat contenant les jarrets juste avant de les napper de sauce.

JARRETS DE PORC CARAMÉLISÉS AUX FÈVES

Préparation : 20 min • **Cuisson** : 1 h 55 • **Pour 4 personnes**

2 oignons • 4 jarrets de porc • 1 bouquet garni • 3 clous de girofle vinaigre de vin • 500 g de fèves écossées • 50 g de beurre 250 g de miel liquide • 2 c. à s. de fenouil en poudre 40 c. à s. de coriandre en poudre • 3 c. à s. de carvi • sel et poivre

- Épluchez les oignons et coupez-les en 4.
- Placez les jarrets dans une cocotte avec le bouquet garni, les quartiers d'oignons et les clous de girofle. Ajoutez un peu de vinaigre, du sel et du poivre et recouvrez d'eau. Faites cuire à feu doux, à couvert, pendant 1 h 30, puis égouttez la viande.
- Préchauffez le four à 250 °C.
- Faites blanchir les fèves écossées pendant 10 min dans de l'eau bouillante, puis laissez-les refroidir et enlevez leur peau.
- Versez-les dans une casserole avec le beurre et laissez mijoter pendant 5 min en ajoutant un peu de bouillon de cuisson de la viande. Salez et poivrez.
- Faites chauffer le miel jusqu'à ce qu'il prenne l'aspect du caramel. Ajoutez les épices. Poivrez et mélangez bien.
- Placez les jarrets égouttés dans un plat allant au four et recouvrez-les de sauce.
- Faites cuire au four de 5 à 6 min, puis disposez les fèves autour de la viande et servez.

JULIENNE AU FENOUIL ET COMPOTÉE DE TOMATES

Préparation : 15 min • **Cuisson :** 40 min • **Pour 4 personnes**

6 tomates • 3 oignons • 1 gousse d'ail • 1 c. à s. d'huile d'olive
2 bulbes de fenouil • 1/2 sachet de court-bouillon • 2 étoiles de badiane
4 filets de julienne • sel et poivre

- Coupez les tomates en petits morceaux et égouttez-les.
- Épluchez les oignons et coupez-les en 4.
- Épluchez l'ail et hachez-le.
- Faites revenir les morceaux de tomates et d'oignons dans une poêle avec l'huile chaude. Ajoutez l'ail haché, salez, poivrez et laissez cuire pendant 15 min à feu doux.
- Nettoyez les bulbes de fenouil et coupez-les en 2.
- Préparez le court-bouillon, comme indiqué sur le sachet. Ajoutez les étoiles de badiane et le fenouil et faites cuire pendant 15 min.
- Retirez les bulbes de fenouil et égouttez-les.
- Dans ce même court-bouillon, faites pocher les filets de poisson pendant 5 min.
- Servez les filets de julienne accompagnés du fenouil et de la compotée de tomates.

Julienne poêlée
Passez les filets de julienne dans de la farine puis faites-les cuire dans une poêle avec de l'huile d'olive, à feu moyen, de 8 à 10 min. Servez avec le fenouil et la compotée.

Julienne aux petits légumes
Remplacez le fenouil et la compotée de tomates par 2 carottes, 2 courgettes, 1 branche de céleri et 2 blancs de poireaux coupés en très petits cubes et cuits au court-bouillon.

Julienne, sauce meunière
Faites brunir légèrement 75 g de beurre dans une poêle. Ajoutez le jus de 2 citrons. Servez avec le poisson à la place de la compotée de tomates.

Julienne, sauce aux câpres
Faites fondre 75 g de beurre, ajoutez 1 c. à c. de farine, puis 50 cl de court-bouillon froid et 10 cl de lait. Laissez épaissir puis cuire à feu doux pendant 10 min. Ajoutez 1 jaune d'œuf et 2 c. à s. de câpres. Servez à la place de la compotée de tomates.

Lapin pimenté
Ajoutez 1 petit piment oiseau finement haché à la préparation. Vous pouvez également utiliser 1 piment rouge émincé ou 1 piment vert pour un goût plus doux.

Lapin basquaise
Remplacez 3 poivrons par 2 courgettes et 1 aubergine coupées en dés. Supprimez l'ail. Ajoutez 1 c. à c. de cumin à la ratatouille.

Riz jaune
Accompagnez le lapin de riz cuit à l'eau avec 1 dose de « riz d'or » en poudre ou d'épices pour paëlla.

Calamars comme à Séville
Remplacez les morceaux de lapin par 800 g à 1 kg de calamars. Faites cuire ceux-ci à part dans une poêle pendant 5 min à feu vif avec un peu d'huile d'olive.

LAPIN COMME À SÉVILLE

Préparation : 15 min • **Cuisson** : 40 min • **Pour 6 personnes**

2 poivrons jaunes • 2 poivrons rouges • 2 oignons • 2 gousses d'ail 2 à 3 c. à s. d'huile d'olive • 1 lapin découpé en morceaux • 1 grosse boîte de tomates concassées • 2 morceaux de sucre • sel et poivre

- Coupez les poivrons en 2, ôtez les graines et les parties blanches puis rincez-les à l'eau fraîche. Détaillez-les en lanières.

- Épluchez les oignons et l'ail, enlevez leur germe avant de les émincer.

- Faites chauffer l'huile d'olive dans une sauteuse antiadhésive sur feu doux. Faites-y revenir les morceaux de lapin en les retournant souvent puis déposez-les dans un plat. Faites revenir les poivrons dans la même sauteuse avec les oignons et l'ail.

- Remettez le lapin à cuire dans la sauteuse et faites-le cuire pendant 5 min.

- Ajoutez les tomates concassées ainsi que le sucre, et laissez mijoter à couvert pendant 20 min.

- Servez chaud.

Légumes au citron confit
Coupez 3 oignons confits en morceaux et ajoutez-les à la préparation en même temps que les fèves. Parsemez de copeaux de parmesan.

Légumes braisés aux épices douces
Faites cuire 1 kg de carottes et 600 g de pommes de terre coupés en dés dans une poêle avec 2 étoiles de badiane, 1 bâton de cannelle, 3 c. à s. de sauce soja, 1 c. à s. de xérès, 2 c. à s. de sucre en poudre et 60 cl de bouillon de légumes. Laissez mijoter pendant 30 min.

Fenouil braisé au vin blanc
Faites revenir 2 cives émincées dans une sauteuse avec un peu d'huile, ajoutez 2 bulbes de fenouil coupés en 8 et du sel. Ajoutez 10 cl de vin et 10 cl d'eau, portez à ébullition puis couvrez et faites cuire pendant 20 min.

Côtes d'agneau grillées
Servez ces légumes avec des côtes d'agneau grillées au barbecue de 7 à 10 min.

LÉGUMES BRAISÉS À LA PROVENÇALE

Préparation : 20 min • **Cuisson :** 1 h 10 • **Pour 4 personnes**

600 g de fèves surgelées • 4 artichauts poivrade • le jus d'1 citron 1 botte d'oignons frais • 2 branches de menthe • 2 brins de thym frais 2 feuilles de laurier • 600 g de pommes de terre • 1 tranche de lard 2 c.à s. d'huile d'olive • 2 tomates • 20 cl de vin blanc sec • sel et poivre

- Faites cuire les fèves comme indiqué sur le sachet et pelez-les.
- Rincez les artichauts, coupez leur queue, enlevez les feuilles dures et coupez les pointes des feuilles restantes. Tranchez les artichauts en 2 et retirez le foin, puis arrosez de jus de citron.
- Coupez la partie verte des oignons. Attachez-la avec la menthe, le thym et le laurier pour former un bouquet. Épluchez les oignons et émincez-les.
- Épluchez les pommes de terre et coupez-les en petits tronçons.
- Découpez le lard en dés après avoir enlevé la couenne.
- Dans une cocotte, faites chauffer l'huile d'olive et faites-y dorer les oignons émincés et les lardons pendant 5 min.
- Ajoutez les pommes de terre, les artichauts et les tomates coupées en quartiers. Salez et poivrez. Versez le vin blanc, mélangez, couvrez et laissez mijoter à feu doux pendant 40 min.
- Ajoutez le bouquet parfumé et les fèves, versez un peu d'eau si nécessaire et laissez cuire pendant encore 15 min, à couvert.
- Retirez le bouquet, rectifiez l'assaisonnement, arrosez d'huile d'olive et servez.

LÉGUMES PRINTANIERS ET CAROTTES GLACÉES

Préparation : 25 min • **Cuisson :** 40 min • **Pour 4 personnes**

200 g de pois gourmands • 200 g de petits pois écossés
2 petits poireaux tendres • 6 carottes nouvelles
3 gousses d'ail • 80 g de beurre • 1 c. à s. de sucre en poudre
10 petits oignons • 1 bouquet garni • sel et poivre

- Lavez les pois gourmands, les petits pois et les poireaux. Coupez ces derniers en tronçons.
- Faites cuire les pois gourmands et les poireaux pendant 10 min, à la vapeur.
- Épluchez les carottes et coupez-les en morceaux.
- Épluchez l'ail, ôtez le germe et faites-le cuire à la vapeur avec les carottes pendant 10 min environ.
- Faites chauffer 40 g de beurre et faites-y revenir les carottes à l'ail, puis arrosez-les d'un peu d'eau et ajoutez le sucre en poudre pour glacer les carottes, mélangez bien.
- Épluchez les petits oignons et coupez-les en 2, puis faites-les revenir dans le reste du beurre avec les petits pois pendant quelques minutes.
- Ajoutez les pois gourmands, les carottes, les poireaux, l'ail et le bouquet garni. Salez, poivrez puis mélangez et laissez mijoter pendant 10 min, à feu doux.
- Servez bien chaud, après avoir enlevé le bouquet d'herbes.

Brick aux légumes

Pour une présentation festive, ces légumes peuvent être servis dans une feuille de brick froissée et passée au four préchauffé à 180 °C pendant 3 min, après avoir été dorée à l'œuf.

Légumes printaniers aux épices

Remplacez le bouquet garni par 1 c. à c. de cumin, 1 c. à c. de curcuma, 1 c. à c. de cannelle, et 1 c. à c. de curry. Ajoutez éventuellement 1 pincée de piment de Cayenne.

Légumes printaniers gratinés

Versez les légumes cuits dans un plat allant au four, retirez le bouquet garni et parsemez les légumes de noix de beurre et de chapelure. Passez sous le gril du four pendant 10 min.

Légumes d'hiver

Remplacez les pois gourmands et les petits pois par la même quantité de choux-fleurs, de brocolis, de choux de Bruxelles, de navets ou d'endives.

MAFÉ DE BOEUF AUX LÉGUMES

Préparation : 30 min • **Cuisson** : 1 h 20 • **Pour 6 personnes**

250 g de tomates • 3 gros oignons • 2 piments rouges
5 grosses pommes de terre • 2 navets • 2 courgettes
1 kg de bœuf à braiser • 4 c. à s. d'huile d'olive
250 g de pâte d'arachide non sucrée • sel et poivre

- Plongez les tomates dans l'eau bouillante pour les peler puis coupez-les en quartiers.

- Épluchez les oignons et hachez-les. Égrenez les piments et hachez-les finement.

- Pelez les pommes de terre et les navets. Pelez les courgettes. Coupez le tout en gros dés.

- Coupez la viande en gros morceaux et faites-la revenir avec l'huile d'olive dans une cocotte puis retirez-la à l'écumoire et réservez-la.

- Mettez les oignons dans la cocotte et faites-les blondir. Ajoutez les tomates, les piments et les autres légumes. Couvrez d'eau, salez et poivrez. Laissez mijoter à couvert sur feu doux pendant 30 min.

- Ajoutez la viande et la pâte d'arachide. Remuez bien et laissez cuire pendant encore 45 min.

- Servez avec un riz blanc.

Mafé de poulet

Vous pouvez remplacer le bœuf par du blanc de poulet. Si votre budget vous le permet, vous pouvez également utiliser de l'agneau, voire du mouton.

Mafé de bœuf au beurre de cacahuète

Si vous ne trouvez pas de pâte d'arachide, vous pouvez la remplacer par du beurre de cacahuètes, de préférence non sucré. À défaut, une poignée de cacahuètes pilés fera l'affaire.

Mafé de bœuf aux légumes africains

Remplacez les légumes par 2 morceaux de manioc, 3 patates douces, 4 petites aubergines africaines (diakhatous) et 12 gombos. Ajoutez 1 petit piment antillais.

Mafé au chou

Vous pouvez ajouter 1 chou blanc coupé en 4 à la préparation.

Mi-cuit de saumon au poivre
Faites mariner le saumon dans 1 c. à s. de gros sel de mer et 2 c. à c. de poivre concassé pendant 4 h. Rincez le saumon puis faites-le cuire à la poêle.

Mi-cuit de saumon au sésame
Roulez les cubes de saumon dans une assiette remplie de graines de sésame avant de les faire cuire.

Sauce au gingembre
Versez dans une petite casserole 1 c. à c. de gingembre frais râpé, le jus d'1 citron, 3 c. à s. de sauce soja et 1 c. à s. de sauce Worcestershire et . Chauffez à feu doux pendant 5 min. Servez la sauce avec le saumon.

Mi-cuit de saumon au thé
Faites infuser 1 sachet de thé dans 15 cl d'eau. Chauffez-le pendant 3 min avec 1 c. à c. de sucre, 1 c. à s. de vinaigre blanc et 2 pincées de sel. Laissez mariner le saumon dans ce mélange pendant 4 h puis faites-le cuire à la poêle.

MI-CUIT DE SAUMON AUX DEUX MOUTARDES

Préparation : 10 min • **Cuisson** : 5 min • **Pour 4 personnes**

4 pavés de saumon • 15 g de beurre • 1 c. à s. de vinaigre de xérès
1 c. à s. de moutarde à l'estragon • 1 c. à s. de moutarde à l'ancienne
2 c. à s. de crème épaisse • 50 g de câpres • sel et poivre

- Coupez le saumon en gros cubes, salez ceux-ci et poivrez-le.
- Faites-les sauter rapidement pendant 1 min dans le beurre très chaud : le cœur doit rester presque cru. Réservez-les au chaud.
- Videz la graisse de la poêle. Versez-y le vinaigre et laissez réduire légèrement. Ajoutez les 2 moutardes et la crème. Mélangez. Arrêtez le feu au premier bouillon.
- Présentez les cubes sur des piques en bois et arrosez-les de sauce.
- Parsemez de câpres avant de servir.

MIJOTÉE DE COURGETTES À LA FETA

Préparation : 15 min • **Cuisson :** 30 min • **Pour 4 personnes**

1 oignon rouge • 1 gousse d'ail • 4 courgettes • ½ bouquet de coriandre
100 g de feta • 1 c. à s. d'huile d'olive • sel et poivre

- Épluchez l'oignon et l'ail. Coupez finement l'oignon et écrasez la gousse d'ail après avoir retiré le germe.
- Lavez les courgettes et coupez-les en fines rondelles.
- Lavez la coriandre, séchez-la. Réservez-en quelques brins pour la décoration et ciselez le reste.
- Faites chauffer l'huile dans une cocotte et mettez à cuire, à feu doux, l'oignon, l'ail, les courgettes et la coriandre. Mélangez bien.
- Couvrez la cocotte et laissez mijoter pendant environ 20 min, jusqu'à ce que le mélange soit fondant. Remuez de temps en temps.
- Peu avant la fin de cuisson, coupez la feta en dés et ajoutez ceux-ci dans la cocotte.
- Décorez la mijotée avec des brins de coriandre.

Mijotée de courgettes aux câpres
Remplacez la feta par 3 ou 4 c. à s. de câpres au vinaigre. Supprimez la coriandre et remplacez-la par du persil plat.

Mijotée de courgettes à la menthe et au chèvre
Remplacez la coriandre par de la menthe fraîche et utilisez du fromage de chèvre en bûche à la place de la feta.

Mijotée de légumes d'été
Remplacez 3 courgettes par 1/2 aubergine, 2 tomates et 1 poivron rouge. Vous pouvez remplacer la coriandre par des herbes de Provence et utiliser de la feta aux herbes.

Mijotée de carottes à la mimolette
Remplacez les courgettes par 6 carottes coupées en morceaux, que vous ferez cuire pendant 30 min avec 2 c. à s. de sucre et 50 g de raisins secs préalablement trempés dans de l'eau. Ajoutez 200 g de mimolette en fin de cuisson.

OMELETTE CAMPAGNARDE

Préparation : 20 min • **Cuisson :** 30 min • **Pour 4 personnes**

5 pommes de terre • 10 jeunes pousses d'épinard • 5 c. à s. d'huile d'olive
150 g de dés de jambon • 10 œufs • 4 c. à s. de lait • sel et poivre

- Pelez les pommes de terre, rincez-les et coupez-les en dés.
- Faites-les cuire dans l'eau salée pendant 20 min puis égouttez-les.
- Lavez et ciselez les épinards.
- Dans une poêle, mettez 2 c. à s. d'huile et faites dorer le jambon et les pommes de terre pendant 5 min. Formez 4 parts.
- Préchauffez le four à 180 °C.
- Battez les œufs et le lait, salez et poivrez. Formez 4 parts.
- Dans une poêle antiadhésive, faites chauffer 1 c. à s. d'huile et étalez une part d'omelette.
- Dès que les bords ont pris, décollez l'omelette avec une spatule. Ajoutez le mélange de pommes de terre et de jambon en enfonçant un peu les ingrédients et laissez cuire pendant encore 2 min. Disposez l'omelette dans une assiette et réservez-la au chaud dans le four.
- Procédez de la même manière avec les 3 autres parts.
- Avant de servir, parsemez les omelettes d'épinards.

Omelette campagnarde au chèvre
Ajoutez 100 g de crottin de Chavignol émietté à la préparation. Vous pouvez relever la préparation en ajoutant 1 c. à c. de cumin.

Omelette aux poivrons
Remplacez 2 pommes de terre par 1 poivron rouge et 1 poivron vert coupés en dés, que vous ferez revenir pendant 10 min à la poêle dans un peu d'huile avec 1 oignon émincé.

Omelette aux courgettes et aux lardons
Remplacez 2 pommes de terre par 2 courgettes coupées en dés. Faites-les revenir pendant 10 min avec un peu d'huile. Remplacez le jambon par 150 g de lardons fumés. Supprimez les épinards.

Omelette aux herbes
Ajoutez 1 c. à s. de persil, 1 c. à s. de ciboulette et 1 c. à s. de basilic ciselés à la préparation. Supprimez les épinards.

OMELETTE ROULÉE AU POULET ET AUX TOMATES

Préparation : 15 min • **Cuisson** : 20 min • **Pour 4 personnes**

2 tomates • 1 gousse d'ail • 2 c. à s. d'huile
100 g d'un reste de poulet cuit • 6 œufs frais • 4 c. à s. de lait
25 g de beurre • 150 g de gruyère râpé • sel et poivre

- Préchauffez le four à 210 °C.
- Ébouillantez les tomates pendant 30 s, épluchez-les et coupez-les en rondelles en éliminant les pépins et le jus.
- Épluchez l'ail et hachez-le finement après avoir retiré le germe.
- Dans une grande poêle, faites chauffer l'huile et faites-y revenir les rondelles de tomates avec l'ail, puis réservez la préparation et essuyez la poêle.
- Coupez le poulet cuit en morceaux réguliers.
- Dans un petit saladier, battez les œufs avec le lait. Salez et poivrez.
- Faites chauffer le beurre dans la poêle et versez-y les œufs. Étalez bien pour recouvrir toute la surface et laissez cuire d'un côté : le dessus doit rester baveux. Déposez les rondelles de tomates, le poulet et le gruyère. Salez et poivrez.
- Faites glisser l'omelette dans un grand plat et enroulez-la sur elle-même puis enveloppez-la dans du papier d'aluminium et mettez au four pour 5 à 6 min.
- Coupez l'omelette en tranches et servez avec une salade verte.

Omelette à la provençale
Parsemez la préparation d'1 à 2 c. à s. d'herbes de Provence avant de faire cuire.

Omelette au chorizo
Remplacez la moitié du poulet par 50 g de chorizo fort coupé en rondelles, que vous ferez revenir à la poêle sans matières grasses pendant 5 min.

Omelette aux tomates confites
Déposez les rondelles de tomates dans un plat à four, arrosez-les d'huile d'olive et ajoutez 1 c. à s. de sucre, du sel et du poivre. Faites-les cuire au four préchauffé à 150 °C pendant 45 min. Incoporez-les à l'omelette.

Omelette aux champignons et au lard
Remplacez les tomates par 150 g de champignons de Paris coupés en lamelles et utilisez du lard fumé à la place du poulet. Faites-les revenir pendant 10 min avec un peu de beurre avant de les incorporer à l'omelette.

Osso bucco aux anchois
Ajoutez 2 anchois écrasés dans la cocotte en même temps que l'ail, l'oignon et les herbes.

Osso bucco aux tomates
Ajoutez 2 c. à s. de concentré de tomates et 3 tomates pelées et concassées dans la cocotte en même temps que l'ail, l'oignon et les herbes. Ajoutez 3 ou 4 feuilles de sauge.

Osso bucco aux jus d'agrumes
Ajoutez le jus et le zeste d'1 citron ainsi que 20 cl de jus d'orange dans la cocotte en même temps que l'ail, l'oignon et les herbes.

Spaghettis à la tomate
Faites cuire 500 g de spaghetti dans de l'eau bouillante salée. Faites chauffer 20 cl de coulis de tomates en boîte avec 1 oignon émincé et 1 pincée de piment doux en poudre. Servez avec l'osso bucco.

OSSO BUCCO

Préparation : 15 min • **Cuisson :** 1 h • **Pour 4 personnes**

30 g de farine • 4 rondelles de jarret de veau • 3 gousses d'ail • 2 oignons 1 bouquet de persil plat • huile d'olive • quelques branches de thym • 2 feuilles de laurier • 20 cl de vin blanc sec • sel et poivre

- Farinez les tranches de veau.
- Épluchez l'ail et l'oignon puis coupez-les finement après avoir retiré le germe.
- Lavez le persil, séchez-le et hachez-le.
- Faites dorer la viande dans une cocotte avec un peu d'huile d'olive chaude.
- Ajoutez l'ail, l'oignon, le persil, le thym et le laurier.
- Arrosez de vin blanc. Salez, poivrez et mélangez.
- Couvrez la cocotte et laissez mijoter doucement pendant 45 min, en retournant la viande de temps en temps.
- Servez les tranches de veau, avec la sauce, sur des assiettes chaudes.

Autres viandes
À défaut de poulet, vous pouvez utiliser de la viande de dinde, ou de veau.

Autres légumes
Vous pouvez remplacer les légumes utilisés ici par des brocolis, des poivrons, des aubergines, des carottes, etc.

Papillotes de poulet au miel
Faites mariner 4 blancs de poulet dans 2 c. à s. de miel liquide mélangé au jus d'1 citron, à 1 pincée de piment doux et à du sel, pendant 30 min. Faites cuire en papillotes au four préchauffé à 210 °C pendant 15 min.

Papillotes de poulet aux champignons
Faites revenir 1 échalote hachée, ajoutez 15 cl de vin blanc sec, 30 cl de crème liquide et 2 pincées de noix muscade. Laissez frémir puis ajoutez 300 g de champignons de Paris émincés. Répartissez 4 blancs de poulet dans 4 papillotes, nappez-les de sauce et faites cuire au four préchauffé à 210 °C pendant 15 min.

PAPILLOTES DE POULET AUX LÉGUMES

Préparation : 15 min • **Cuisson :** 30 min • **Pour 4 personnes**

4 blancs de poulet • 3 courgettes • 1 citron confit • 2 tomates
1 gousse d'ail • 3 c. à s. d'huile d'olive • sel et poivre

- Faites cuire les blancs de poulet à la poêle pendant environ 10 min. Coupez-les en petites lamelles.
- À l'aide d'un épluche-légumes, coupez les courgettes en lamelles.
- Coupez finement le citron confit.
- Ébouillantez les tomates pendant 30 s, puis pelez-les et coupez-les en fines rondelles.
- Épluchez l'ail et hachez-le.
- Faites chauffer l'huile d'olive dans une grande poêle, ajoutez les courgettes, le citron confit, les tomates et l'ail. Mélangez bien en laissant cuire pendant quelques minutes à feu vif. Salez, poivrez et réservez.
- Préchauffez le four à 210 °C.
- Préparez des carrés de papier de cuisson. Garnissez-les avec le poulet et les légumes. Refermez les papillotes et mettez à four chaud pour 15 min.
- Servez dès la sortie du four.

Pâtes au thon et aux olives

Supprimez le citron. Ajoutez 200 g de thon au naturel en boîte émietté dans la poêle avec l'oignon. Versez 15 cl de crème liquide en fin de cuisson.

Pâtes aux tomates et aux olives

Supprimez le citron de la recette et remplacez-le par 5 tomates pelées et concassées, revenues à la poêle avec l'oignon et les olives.

Pâtes à l'orange et au saumon cru

Mélangez dans un saladier les quartiers de 2 oranges pelées à vif, le jus d'1 autre orange, 200 g de saumon cru coupé en dés, quelques brins d'aneth et des baies roses. Ajoutez 500 g de pâtes cuites à l'eau.

Dés de dinde marinés

Faites mariner 4 filets de dinde dans 2 c. à s. d'huile d'olive agrémentée de thym pendant 1 h. Faites-les cuire à la poêle sans matière grasse. Servez avec les pâtes.

PÂTES ACIDULÉES AUX DEUX OLIVES

Préparation : 15 min • **Cuisson :** 20 min • **Pour 4 personnes**

500 g de pâtes longues • 1 citron • 1 oignon nouveau
12 olives noires dénoyautées • 12 olives vertes dénoyautées
150 g de tomme de brebis de type Etorki • 4 c. à s. d'huile d'olive
1 pointe de piment • sel et poivre

- Faites cuire les pâtes dans une grande quantité d'eau bouillante salée.
- Râpez le zeste du citron. Découpez le citron en 3 rondelles et détaillez-les en très petits morceaux.
- Épluchez l'oignon et ciselez-le, y compris la tige verte.
- Hachez les olives et découpez le fromage en petits dés.
- Faites fondre l'oignon sans colorer avec l'huile dans une poêle. Salez et ajoutez les zestes et les morceaux de citron, ainsi que les olives et le piment. Laissez mijoter pendant 5 min sur feu doux.
- Au moment de servir, versez les pâtes et le fromage dans la poêle, mélangez et ajustez l'assaisonnement.

Paupiettes de chou aux olives
Ajoutez 50 g d'olives vertes et 50 g d'olives noires, toutes dénoyautées et coupées en rondelles à la farce. Vous pouvez également ajouter 1/2 poivron rouge émincé et revenu à la poêle pendant 10 min.

Paupiettes de chou au pain d'épice
Remplacez le riz cuit par 4 tranches de pain d'épice grillé émietté. À défaut, on peut utiliser de la chapelure.

Paupiettes de chou au poulet
Remplacez le bœuf, le porc et la chair à saucisse par 350 g de poulet haché. Ajoutez 1 c. à c. de cumin pour relever le goût du plat.

Paupiettes de chou aux légumes
Remplacez la viande par 4 carottes, 3 blancs de poireau, 1 bulbe de fenouil et 2 courgettes, le tout coupé en dés et cuit dans un bouillon de légumes.

PAUPIETTES DE CHOU FARCI

Préparation : 20 min • **Cuisson** : 30 min • **Pour 4 personnes**

1 chou vert • 1 gousse d'ail • 2 c. à s. d'huile d'olive
2 feuilles de laurier • 1 branche de romarin • 150 g de bœuf haché
120 g de porc hachée • 80 g de chair à saucisse • 2 œufs
100 g de riz cuit • 50 g de gruyère râpé
noix muscade râpée • beurre • sel et poivre

- Nettoyez 12 feuilles de chou et ébouillantez-les en les plongeant pendant 2 min dans de l'eau bouillante salée, puis égouttez-les et laissez-les sécher à plat.
- Préchauffez le four à 180 °C.
- Épluchez l'ail et hachez-le.
- Faites chauffer l'huile d'olive dans une poêle et faites-y revenir l'ail haché avec le laurier et le romarin effeuillé.
- Ajoutez les 2 viandes hachées et la chair à saucisse. Laissez cuire pendant 5 min et retirez les feuilles de laurier.
- Battez les œufs, puis malaxez la préparation en ajoutant le riz, le gruyère râpé, les œufs battus et un peu de noix muscade. Le mélange doit être assez homogène. Salez et poivrez.
- Disposez la préparation sur chacune des feuilles de chou, puis repliez les bords et fermez-les avec 1 cure-dent en bois.
- Déposez les paupiettes sur un plat beurré. Parsemez-les de quelques noisettes de beurre. Enfournez et laissez cuire pendant 10 min. Retournez et laissez cuire pendant encore 10 min.
- Servez très chaud accompagné de pommes vapeur.

PAVÉS DE PANGA ET RATTES À L'ORANGE

Préparation : 30 min • **Cuisson :** 30 min • **Pour 4 personnes**

2 oranges non traitées • 20 cl d'huile d'olive
1 kg de pommes de terre ratte • 4 pavés de panga • sel et poivre

- La veille, préparez l'huile d'olive à l'orange : rincez les oranges et séchez-les, puis prélevez les zestes en surface et déposez-les dans un bol avec l'huile d'olive. Laissez macérer pendant au moins 12 h à température ambiante.

- Nettoyez les rattes, sans les éplucher, puis faites-les cuire dans de l'eau bouillante salée pendant 20 min environ. Égouttez-les et pelez-les, puis écrasez-les grossièrement à la fourchette.

- Arrosez la purée de 7 c. à s. d'huile à l'orange. Salez, poivrez, mélangez et gardez au chaud.

- Pressez 1 orange et faites réduire son jus de moitié, à feu doux, puis mélangez avec le reste d'huile d'olive à l'orange après avoir réservé 2 c. à s. de cette huile pour la cuisson du poisson.

- Faites cuire le panga à feu vif, dans une poêle, avec l'huile d'olive à l'orange réservée. Arrosez souvent les pavés de poisson d'huile à l'orange et retournez-les de temps en temps. Arrêtez la cuisson au bout de 6 à 7 min, puis salez et poivrez et déposezle panga sur du papier absorbant pour le laisser égoutter.

- Roulez les pommes de terre écrasées en quenelles et répartissez-les sur des assiettes chaudes. Disposez sur chacune 1 pavé de panga et décorez avec des rubans de zeste. Arrosez l'ensemble du mélange jus d'orange/huile encore chaud et servez sans attendre.

Autres agrumes

Vous pouvez remplacer les oranges par 1 gros ou 2 petits pamplemousses roses ou opter pour 1 citron et 1 orange, ou encore pour 2 oranges sanguines.

Panga mariné

Laissez mariner les pavés de panga dans l'huile à l'orange pendant 2 h. Égouttez-les bien et séchez-les avant de les faire cuire à la poêle.

Rattes et céleri à l'orange

Remplacez 300 g de pommes de terre par 300 g de céleri-rave et écrasez le tout en purée. Vous pouvez également utiliser des navets.

Carottes et haricots verts à l'orange

Remplacez les pommes de terre par 500 g de carottes et 500 g de haricots verts cuits à l'eau et réduits en purée. Vous pouvez mélanger les 2 purées ou les servir séparément.

Potée à la graisse de canard
Remplacez le saindoux par la même quantité de graisse de canard. à défaut, utilisez de l'huile d'arachide.

Potée lorraine
Divisez les quantités de pommes de terre et de chou par 2 et remplacez la part manquante par 150 g de carottes et 150 g de navets. Utilisez 2 saucisses de Morteau et complétez par 150 g de lard fumé cuit.

Potée à l'échine de porc
Remplacez les saucisses par 700 g d'échine de porc dessalée, revenue à la poêle pendant 5 min puis laissez mijoter avec un peu d'huile dans une cocotte fermée hermétiquement pendant 1 h.

Potée aux poireaux
Remplacez le chou par la même quantité de blancs de poireaux. Vous pouvez éventuellement ajouter 1 branche de céleri.

PETITE POTÉE AUX SAUCISSES

Préparation : 15 min • **Cuisson :** 1 h 10 • **Pour 4 personnes**

1 kg de chou frisé • 6 pommes de terre • 4 c. à s. de saindoux
1 feuille de laurier • 50 cl de lait • 4 saucisses • sel et poivre

- Lavez le chou et détaillez-le en enlevant les grosses côtes dures.
- Plongez-les dans une grande casserole d'eau bouillante salée pour 30 min puis égouttez-les bien.
- Épluchez les pommes de terre, coupez-les en dés et faites-les cuire à la vapeur pendant 5 min : elles doivent être encore fermes.
- Dans une cocotte, faites fondre le saindoux. Ajoutez le chou et saisissez-le sans laisser colorer. Poivrez, salez. Ajoutez les pommes de terre, la feuille de laurier et versez le lait. Couvrez et laissez mijoter pendant 20 min à feu doux.
- Mettez les saucisses sans les piquer dans une casserole d'eau froide, portez à ébullition et laissez cuire doucement pendant 10 min. Enlevez la peau.
- Présentez le chou et les pommes de terre accompagnés de rondelles de saucisses. Servez très chaud.

Petits soufflés au chèvre et aux épinards
Remplacez le parmesan par 100 g de fromage de chèvre (crottin de Chavignol ou bûche) émietté ou coupé en dés.

Petits soufflés aux pommes de terre
Remplacez les épinards et l'oseille par la même quantité de pommes de terre cuites à l'eau pendant 20 min puis écrasées en purée. Remplacez l'ail par 2 oignons de printemps.

Petits soufflés aux deux fromages
Remplacez le parmesan et les légumes par 100 g de comté et 100 g de mimolette râpés. Servez accompagné d'1 salade verte. Vous pouvez également utiliser du cantal, de l'emmental ou de la tomme de Savoie.

Petits soufflés au saumon
Remplacez 300 g d'épinards par 200 g de saumon fumé haché. Vous pouvez également utiliser du saumon frais cuit à la vapeur et émietté.

PETITS SOUFFLÉS D'ÉPINARDS À L'OSEILLE

Préparation : 15 min • **Cuisson :** 35 min • **Pour 4 personnes**

800 g d'épinards • 1 bouquet d'oseille • 1 gousse d'ail • 80 g de beurre
4 c. à s. de farine • 10 cl de lait • 1 c. à c. de quatre-épices
80 g de parmesan râpé • 4 œufs • sel et poivre

- Équeutez les épinards et l'oseille et lavez-les. Plongez-les dans de l'eau bouillante salée pour 5 min. Égouttez-les en les pressant pour éliminer toute l'eau de cuisson. Hachez-les à l'aide d'un grand couteau.
- Préchauffez le four à 180 °C.
- Épluchez l'ail et hachez-le.
- Dans une casserole, faites chauffer sans brunir l'ail haché avec 20 g de beurre. Ajoutez les épinards et l'oseille, et séchez-les en remuant pendant 5 min sur feu doux. Réservez.
- Faites fondre le reste de beurre dans une poêle, ajoutez la farine et laissez colorer légèrement. Le mélange doit être bien lisse et sans grumeaux. Ajoutez le lait en une seule fois et portez à ébullition sans cesser de remuer. Salez, poivrez. Ajoutez le quatre-épices et le parmesan.
- Hors du feu, mélangez l'appareil à soufflé avec le mélange d'épinards et d'oseille et les jaunes d'œufs. Montez les blancs en neige et incorporez-les délicatement à la préparation.
- Remplissez de petits ramequins aux 3/4 du mélange et faites cuire au four pendant 20 min.
- Servez les soufflés sans attendre.

Pilons à la canadienne
Utilisez 2 c. à s. de sirop d'érable à la place du miel. Vous pouvez éventuellement parsemer les pilons de cacahuètes hachées.

Pilons marinés à l'orange
Préparez 1 marinade en mélangeant 3 c. à s. de jus d'orange, 3 c. à s. de sauce soja, 3 c. à s. de miel liquide, 3 c. à s. de whisky, 1 gousse d'ail et 1 piment fort haché, 1 pincée de cannelle et 1 pincée de noix muscade. Faites-y mariner les pilons.

Pilons marinés aux épices
Préparez 1 marinade en mélangeant 2 oignons finement hachés, 1 c. à c. de graines de fenouil, 1 c. à c. de coriandre moulue, 1 c. à c. de curcuma, 1 pincée de paprika, 3 c. à s. d'huile d'olive et 2 yaourts brassés nature. Faites-y mariner les pilons.

Pilons marinés à la moutarde
Préparez 1 marinade en mélangeant 3 c. à s. de moutarde, 3 c. à s. d'huile d'olive et 3 c. à s. de jus de citron. Faitez-y mariner les pilons.

PILONS DE POULET À L'AMÉRICAINE

Préparation : 5 min • **Cuisson** : 20 min • **Pour 4 personnes**

8 pilons de poulet • *sel*
pour la marinade : 1 c. à s. de sauce Worcestershire
3 c. à s. de miel liquide • *3 c. à s. de vinaigre* • *5 c. à s. de ketchup*
2 c. à s. d'huile d'olive • *1 c. à c. de piment de Cayenne*

- Dans un plat creux, préparez une marinade en mélangeant la sauce Worcestershire, le miel, le vinaigre, le ketchup, l'huile, du sel et le piment.
- Ajoutez les pilons de poulet et enduisez-les bien de cette marinade.
- Réservez au frais pendant 2 h.
- Égouttez les pilons de poulet et faites-les cuire sous le gril du four ou sur le barbecue de 15 à 20 min en les retournant et en les badigeonnant de sauce plusieurs fois.
- Servez chaud avec des pommes de terre à la vapeur par exemple.

Piques de crevettes aux légumes
Intercalez des oignons nouveaux coupés en 4, des cubes de tomates et des dés de poivron entre les crevettes. Dans ce cas, prévoyez des piques plus grandes.

Piques de crevettes à la coriandre
Ajoutez à la marinade 1 petit bouquet de coriandre finement hachée. Vous pouvez également utiliser du persil ou du cerfeuil.

Piques de crevettes au curcuma
Ajoutez à la marinade 1 pincée de paprika, 2 c. à c. de curcuma, 1 pincée de cumin et 1 pincée de piment fort. Vous pouvez éventuellement ajouter 1 ou 2 c. à c. de concentré de tomates.

Piques d'encornets à l'ail
Remplacez les crevettes par la même quantité de blancs d'encornets. Vous pouvez aussi préparer des brochettes mixtes : crevettes et encornets.

PIQUES DE CREVETTES À L'AIL

Préparation : 25 min • **Cuisson** : 3 min • **Pour 4 personnes**

20 crevettes crues
pour la marinade : 2 gousses d'ail • 2 c. à s. d'huile d'olive
le jus d'1 citron • sel et poivre

- Allumez le barbecue.
- Décortiquez les crevettes en laissant la queue.
- Épluchez l'ail et hachez-le.
- Préparez la marinade en mélangeant l'huile, le jus de citron, l'ail, du sel et du poivre.
- Ajoutez les crevettes et laissez-les mariner pendant 15 min.
- Piquez 5 crevettes par brochette et faites-les griller pendant 3 min au barbecue.
- Avant de servir, arrosez les brochettes du jus de la marinade.

POÊLÉE DE POMMES DE TERRE AUX PIMENTS DOUX

Préparation : 20 min • **Cuisson :** 25 min • **Pour 4 personnes**

1 kg de pommes de terre • 500 g de piments verts doux • 1 gousse d'ail
1 oignon • 5 c. à s. d'huile d'olive • quelques branches de persil
sel et poivre

- Faites cuire les pommes de terre pendant 10 min dans de l'eau bouillante salée (elles doivent être encore fermes).
- Laissez-les tiédir, puis épluchez-les et coupez-les en gros quartiers.
- Lavez les piments, séchez-les, coupez-les en 4 et ôtez les graines.
- Épluchez l'ail et l'oignon, émincez ce dernier et hachez la gousse d'ail après avoir retiré le germe.
- Dans une poêle, faites chauffer 5 c. à s. d'huile d'olive puis laissez cuire doucement l'oignon émincé. Ajoutez l'ail haché et les piments puis laissez cuire la préparation, en remuant, de 2 à 3 min.
- Ajoutez les quartiers de pommes de terre et laissez-les dorer sur feu doux.
- Lavez le persil, séchez-le et ciselez-le avant de l'ajouter, en fin de cuisson, à la préparation.
- Servez la poêlée après l'avoir salée légèrement et poivrée.

Poêlée de pommes de terre aux poivrons

Pour un goût plus doux, remplacez les piments par 2 ou 3 poivrons rouges et verts coupés en dés. Ajoutez simplement 1 piment haché à la préparation.

Pommes de terre aux tomates et au chorizo

Remplacez la moitié des piments par 250 g de tomates pelées, épépinées et coupées en dés, et le reste par 1 chorizo fort pelé et coupé en rondelles.

Pommes de terre et courgettes aux lardons

Remplacez les piments par la même quantité de courgettes. En fin de cuisson, ajoutez 200 g de lardons fumés revenus à la poêle sans matière grasse, 10 cl de crème liquide et 30 g d'emmental râpé.

Pommes de terre aux carottes

Remplacez les piments par la même quantité de carottes coupées en rondelles et cuites à l'eau pendant 10 min. Supprimez l'ail de la recette.

Pommes de terre au paprika et à l'aneth
Lavez, séchez et ciselez 10 brins d'aneth. Ajoutez-les à la préparation pour la parfumer et la décorer, juste avant de servir.

Pommes de terre et sauce aux anchois
Une fois la sauce cuite, ajoutez-y 4 petits anchois hachés et 2 c. à s. de câpres au vinaigre. Laissez chauffer en remuant pendant 2 min avant d'ajouter le jaune d'œuf et la ciboulette.

Autres légumes
Vous pouvez remplacer les pommes de terre par des courgettes, du chou-fleur, des brocolis ou des carottes, que vous ferez cuire à la vapeur préalablement.

Autres épices
Vous pouvez remplacer le paprika par du cumin, du curry, du Ras-el-hanout, du quatre-épices, de la noix muscade, des graines de fenouil ou de coriandre.

POMMES DE TERRE AU PAPRIKA

Préparation : 10 min • **Cuisson :** 35 min • **Pour 4 personnes**

1 kg de pommes de terre à chair ferme • 50 g de beurre
50 g de farine • 40 cl de lait • 10 cl de crème épaisse • 1 jaune d'œuf
3 c. à s. de ciboulette ciselée • paprika en poudre • sel et poivre

- Lavez les pommes de terre et faites-les cuire, à la vapeur, pendant 25 min environ.

- Dans une casserole, faites fondre le beurre, puis versez la farine en remuant, pendant 2 min environ. Ajoutez le lait froid. Augmentez la température et fouettez en portant à ébullition. Incorporez la crème fraîche, salez et poivrez et continuez à remuer pendant quelques minutes.

- Retirez la casserole du feu, incorporez le jaune d'œuf et la ciboulette puis vérifiez l'assaisonnement.

- Épluchez les pommes de terre encore chaudes et coupez-les en petits quartiers.

- Répartissez-les sur des assiettes chaudes, recouvrez-les de sauce, puis saupoudrez-les de paprika.

- Servez rapidement.

PORC CARAMÉLISÉ AUX OIGNONS ROUGES

Préparation : 25 min • **Cuisson :** 50 min • **Pour 4 personnes**

1 travers de porc • 5 gros oignons rouges
le jus d'1 citron • sel et poivre
pour la marinade : 1 gousse d'ail • ½ bouquet de persil
2 c. à c. de sucre roux • 2 c. à s. de vinaigre de xérès
5 c. à s. de sauce soja • quelques lamelles de gingembre
4 c. à s. d'huile d'olive

- Épluchez l'ail et hachez-le après avoir retiré le germe.
- Lavez le persil, séchez-le et hachez-le.
- Préparez une marinade en mélangeant le sucre, le vinaigre, la sauce soja, le gingembre, l'ail haché et 2 c. à s. d'huile d'olive.
- Versez cette marinade sur le travers coupé en 4 morceaux et réservez au frais pendant 12 h en remuant plusieurs fois.
- Préchauffez le four à 180 °C.
- Épluchez les oignons et coupez-les en rondelles. Étalez-les sur un papier sulfurisé, arrosez-les d'huile d'olive et de jus de citron. Salez et poivrez. Faites cuire au four pendant 35 min en les retournant plusieurs fois.
- Faites cuire les morceaux de porc sur un gril chaud de 15 à 20 min en arrosant très souvent de marinade.
- Servez le porc bien caramélisé avec les oignons grillés et du persil haché.

Porc caramélisé aux échalotes

Vous pouvez remplacer les oignons par 15 à 20 échalotes. Pelez-les et faites-les cuire entières au four préchauffé à 180 °C pendant 35 min arrosées d'1 filet d'huile d'olive.

Porc caramélisé aux pousses de bambou

Faites cuire 1 boîte de pousses de bambou en suivant les indications sur la boîte. Servez-les arrosées de marinade, avec le porc.

Autres viandes

Vous pouvez remplacer le porc par des blancs, des cuisses ou des pilons de poulet ou de dinde. La recette fonctionne également avec du bœuf.

Chips de vitelotte

Pelez 800 g de pommes de terre vitelotte et coupez-les en très fines lamelles. Faites-les cuire dans de l'huile de friture chaude pendant 15 min environ. Égouttez-les sur du papier absorbant, salez légèrement puis servez avec le porc.

Purée de betteraves au chèvre

Parsemez la purée de betteraves de 1/2 fromage de chèvre frais émietté juste avant de servir.

Duo de purée

Divisez les quantités pour la purée de betteraves par 2. Faites cuire 2 pommes de terre pelées à l'eau pendant 20 min puis écrasez-les avec 1 noix de beurre et 30 cl de lait. Servez les 2 purées en quenelles.

Purée de céleri

Faites cuire 350 g de céleri-rave et 150 g de pommes de terre pelées à l'eau salée pendant 20 min. Égouttez-les et écrasez-les avec 50 g de crème fraîche et 30 g de beurre coupé en dés.

Purée de patates douces au lait de coco

Faites cuire 1 kg de patates douces pelées dans de l'eau bouillante salée pendant 20 min. Égouttez-les puis écrasez-les avec 1 pincée de noix muscade, 1 pincée de piment de Cayenne, 1 noix de beurre et 20 cl de lait de coco.

PURÉE DE BETTERAVES

Préparation : 15 min • **Cuisson :** 10 min • **Pour 4 personnes**

4 betteraves rouges cuites • 25 g de beurre
2 grosses c. à s. de crème fraîche épaisse • set et poivre

- Pelez les betteraves puis râpez-les finement.
- Faites-les revenir à la poêle dans le beurre chaud.
- Ajoutez la crème fraîche puis salez et poivrez.
- Laissez mijoter pendant 5 min à feu doux en remuant la purée constamment.
- Servez en accompagnement d'une viande en sauce.

Ragoût de légumes oubliés andalou

Remplacez les pommes de terre par la même quantité de navets, de rutabagas, de panais ou de courge musquée.

Ragoût de pommes de terre aux carottes

Remplacez les poivrons par 500 g de carottes pelées et coupées en rondelles et 1 oignon émincé. Supprimez éventuellement le chorizo. Parsemez le ragoût d'herbes de Provence.

Ragoût de pommes de terre aux poireaux

Remplacez les poivrons et les tomates par 1 kg de blancs de poireaux coupés en rondelles. Ajoutez 20 cl de crème liquide en fin de cuisson.

Ragoût de pommes de terre aux saucisses

Remplacez le chorizo et les lardons par une quantité équivalente de saucisses de type Knacks. Vous pouvez aussi utiliser du saucisson à l'ail ou de la saucisse de Morteau.

RAGOÛT DE POMMES DE TERRE ANDALOU

Préparation : 15 min • **Cuisson :** 45 min • **Pour 4 personnes**

2 poivrons verts • 2 poivrons rouges • 1,2 kg de pommes de terre
700 g de tomates • 2 oignons blancs • 2 chorizos
200 g de lardons nature • 2 c. à s. d'huile d'olive
25 cl de vin blanc sec • sel et poivre

- Lavez les poivrons et coupez-les en lanières après avoir retiré les pépins et les membranes blanches.
- Épluchez les pommes de terre, rincez-les et coupez-les en morceaux.
- Épluchez les tomates, après les avoir ébouillantées pendant 30 s, puis coupez-les en morceaux et conservez leur jus.
- Épluchez les oignons et émincez-les.
- Coupez les chorizos en rondelles.
- Dans une cocotte, faites revenir les lardons et les oignons dans l'huile chaude.
- Ajoutez les morceaux de pommes de terre, les lanières de poivrons, les rondelles de chorizo, les tomates et leur jus, le vin blanc et un peu d'eau.
- Salez, poivrez, mélangez et laissez cuire à feu doux pendant 40 min environ. Remuez souvent et rajoutez un peu d'eau si nécessaire : il ne faut pas que les légumes soient secs.

Risotto au lard et aux fèves

Ajoutez 5 min avant la fin de la cuisson du risotto 150 g de fèves fraîches cuites dans de l'eau bouillante salée pendant 10 min puis pelées.

Risotto au lard et aux champignons

Coupez 250 g de champignons de Paris frais en lamelles, rincez-les et ajoutez-les dans le risotto en même temps que le riz.

Risotto au chorizo

Remplacez le lard par 150 g de chorizo fort pelé et coupé en rondelles, que vous ferez revenir à la poêle sans matières grasses et ajouterez au plat juste avant de le servir.

Risotto à la sauge

En fin de cuisson du risotto, ajoutez 4 à 5 feuilles de sauge pour parfumer le plat. Vous pouvez utiliser du jambon sec grillé à la place du lard.

RISOTTO AU LARD ET AU PARMESAN

Préparation : 15 min • **Cuisson :** 40 min • **Pour 6 personnes**

250 g de lard de poitrine en tranches fines • 150 g de parmesan
4 échalotes • 100 g de beurre • 500 g de riz pour risotto
25 cl de vin blanc sec • 1,5 l de bouillon de volaille
1 bouquet garni • sel et poivre

- Dans une poêle, faites dorer les tranches de lard, jusqu'à ce qu'elles soient croustillantes, puis réservez-les.
- Préparez des copeaux de parmesan en utilisant la moitié du fromage, et râpez l'autre moitié.
- Épluchez les échalotes, émincez-les et faites-les revenir avec 50 g de beurre, dans une cocotte, pendant 4 min.
- Ajoutez le riz et mélangez bien, puis versez le vin blanc en continuant de remuer jusqu'à absorption du liquide. Versez du bouillon à hauteur du riz, ajoutez le bouquet garni et continuez de remuer sans cesse en mouillant avec le bouillon chaque fois que la préparation commence à être sèche. La cuisson du riz se fait à feu moyen et dure environ 25 min.
- Retirez la cocotte du feu, enlevez le bouquet garni, ajoutez le beurre restant au riz moelleux, ainsi que le parmesan râpé.
- Vérifier l'assaisonnement, parsemez de copeaux de parmesan et ajoutez le lard grillé.
- Servez immédiatement, car le risotto ne doit pas attendre.

Risotto à la vodka
Pour corser le parfum du risotto, ajoutez 5 cl de vodka en même temps que le vin blanc et utilisez du thym-citron à la place du thym classique.

Risotto aux crevettes
Faites cuire rapidement à la poêle avec un peu d'huile d'olive 250 g de crevettes décortiquées et incorporez-les au risotto juste avant de servir.

Risotto au poulet et au romarin
Remplacez le thym par 1 branche de romarin frais. Incorporez 200 g de filet de poulet coupé en dés revenus à la poêle sans matière grasse au risotto juste avant de servir.

Risotto aux légumes
Ajoutez 100 g de petits pois surgelés et 100 g de carottes crues coupées en tous petits dés à la sauteuse en même temps que le riz. Vous pouvez aussi utiliser des courgettes râpées ou des morceaux d'aubergines grillées.

RISOTTO CITRONNÉ PARFUMÉ AU THYM

Préparation : 20 min • **Cuisson :** 40 min • **Pour 6 personnes**

1 gros citron non traité et 1 autre plus petit • 6 petites échalotes
125 g de beurre • 20 cl de vin blanc sec • 500 g de riz pour risotto
3 tablettes de bouillon de légumes • 100 g de parmesan râpé
quelques branches de thym frais • sel et poivre

- Râpez le zeste du gros citron et pressez le jus.
- Épluchez les échalotes et émincez-les. Faites-les revenir dans une sauteuse avec la moitié du beurre, puis arrosez de vin blanc et ajoutez la moitié du zeste de citron. Faites bouillir jusqu'à ce qu'il n'y ait presque plus de liquide.
- Ajoutez le riz, et remuez bien pour imbiber chaque grain.
- Préparez le bouillon en délayant 3 tablettes dans 1,5 l d'eau bouillante.
- Arrosez le riz d'un peu de bouillon brûlant (10 cl) et laissez mijoter jusqu'à ce que le riz ait absorbé le liquide. Renouvelez l'opération en attendant à chaque fois que le bouillon ait été absorbé avant d'en rajouter. Au bout de 20 min environ, tout le bouillon doit avoir été utilisé et le risotto doit être crémeux.
- Salez et poivrez. Ajoutez le reste du beurre, le jus de citron, l'autre moitié du zeste, le parmesan et 1 bonne c. à s. de thym ciselé.
- Couvrez le risotto et laissez-le reposer pendant quelques minutes. Pendant ce temps, coupez le petit citron en rondelles très fines.
- Servez le risotto décoré avec les rondelles de citron et quelques brins de thym.

Riz andalou au poivron
Remplacez le céleri par 1/2 poivron vert épépiné et coupé en dés. Si possible, pelez préalablement le poivron en le faisant brunir sous le gril du four, puis en l'enfermant dans un sac en plastique pendant quelques minutes avant de le peler.

Riz andalou aux seiches
Remplacez le chorizo par 500 g de seiches surgelées cuites selon les indications sur le paquet. Vous pouvez ajouter quelques gouttes d'encre de seiche au riz.

Riz andalou aux calamars
Remplacez le chorizo par 500 g de calamars coupés en rondelles et cuits rapidement à la poêle avec un peu d'huile d'olive. Ajoutez 1 c. à c. d'épices pour paella à la préparation.

Quinoa à l'andalouse
Vous pouvez remplacer le riz par la même quantité de quinoa.

RIZ ANDALOU

Préparation : 15 min • **Cuisson** : 25 min • **Pour 4 personnes**

70 g de piment doux • 200 g d'oignons • 60 g de céleri branche
300 g de riz long • 3 c. à s. d'huile d'olive • 1 boîte de coulis de tomate
400 g de chorizo • sel et poivre

- Lavez le piment, épépinez-le et coupez-le en fines lamelles.
- Épluchez les oignons et émincez-les.
- Pelez le céleri et émincez-le.
- Rincez le riz et égouttez-le.
- Mélangez-le avec l'huile, dans un plat assez haut allant au four à micro-ondes. Ajoutez le coulis de tomate, le piment, les oignons et le céleri. Salez, poivrez et mélangez.
- Couvrez et faites cuire au four à micro-ondes pendant 10 min.
- Ajoutez 30 cl d'eau et faites cuire une nouvelle fois de 10 à 12 min.
- Vérifiez la cuisson et ajustez l'assaisonnement si nécessaire.
- Coupez le chorizo en tranches et ajoutez celles-ci à la préparation avec 10 cl d'eau. Mélangez et faites cuire de nouveau pendant 5 min.
- Servez chaud.

Riz au thon
Remplacez le poulet par 1 grosse boîte de thon au naturel égoutté et émietté. Dans ce cas, il n'est pas nécessaire de faire revenir le thon avant de l'ajouter aux autres ingrédients.

Riz au curcuma
Pour parfumer d'avantage le plat, vous pouvez ajouter 2 c. à c. de curcuma en même temps que le paprika. Remuez bien le riz avant de servir.

Riz au poulet et aux légumes
Remplacez le piment et les champignons par 2 tomates pelées, épépinées et coupées en dés, 1 poivron rouge taillé en cubes et 1 courgette tranchée en rondelles.

Riz au lapin
Vous pouvez remplacer le poulet par la chair de 2 râbles de lapin coupés en cubes. Vous pouvez aussi ajouter quelques olives vertes dénoyautées à la préparation.

RIZ AU POULET

Préparation : 15 min • **Cuisson :** 35 min • **Pour 4 personnes**

2 blancs de poulet • 2 oignons • 2 petits piments verts • 1 petite boîte de champignons de Paris • 3 c. à s. d'huile d'olive • 200 g de riz rond 35 cl de bouillon de volaille • 1 pincée de paprika • sel et poivre

- Coupez les blancs de poulet en lanières assez épaisses.
- Épluchez les oignons et hachez-les.
- Épépinez les piments et coupez-les en rondelles.
- Égouttez les champignons.
- Dans une sauteuse, faites rissoler le poulet avec 2 c. à s. d'huile d'olive. Retirez le poulet de la poêle et réservez-le.
- Remettez 1 c. à s. d'huile, et faites dorer les oignons, les piments et les champignons. Ajoutez le riz et laissez-le colorer tout en remuant.
- Ajoutez le poulet, le bouillon de volaille et laissez mijoter pendant 20 min à feu doux.
- Salez, poivrez et ajoutez le paprika avant de servir.

Roulades de porc aux pruneaux et à la brousse

Ajoutez 3 c. à s. de brousse au pruneaux hachés. Vous pouvez également utiliser de la ricotta ou de la mozzarella coupée en petits dés.

Roulades de porc aux abricots

Vous pouvez remplacer les pruneaux par la même quantité d'abricots secs hachés. Ajoutez éventuellement 1 c. à s. de raisins secs hachés.

Roulades de porc aux figues

Remplacez les pruneaux par la même quantité de figues sèches grossièrement hachées. Vous pouvez éventuellement ajouter 2 c. à s. de confiture de figues à la place des échalotes.

Roulades de dinde

Remplacez les morceaux de grillade de porc par 8 escalopes de dinde très fines. Aplatissez-les encore davantage à l'aide d'un rouleau à pâtisserie.

ROULADES DE PORC AUX PRUNEAUX

Préparation : 15 min • **Cuisson** : 25 min • **Pour 4 personnes**

2 échalotes • 50 g de beurre • 125 g de pruneaux dénoyautés
8 tranches de grillade de porc • farine
15 cl de vin blanc sec • sel et poivre

- Épluchez les échalotes, émincez-les puis faites-les revenir dans une poêle avec 25 g de beurre.
- Hachez grossièrement les pruneaux, ajoutez-les aux échalotes puis salez, poivrez et laissez mijoter pendant quelques minutes.
- Enveloppez chaque tranche de porc dans du film alimentaire et aplatissez-les à l'aide d'un rouleau à pâtisserie. Retirez le film alimentaire et garnissez chaque tranche de viande d'1 c. à s. de pruneaux. Repliez et fixez les roulades avec des piques en bois, en piquant dessus et dessous.
- Farinez légèrement les roulades et faites-les cuire avec le beurre restant pendant 8 min.
- Arrosez les roulades de vin blanc, portez à ébullition et laissez mijoter de 5 à 6 min, à feu doux.
- Servez les roulades arrosées du jus de cuisson, avec des pommes de terre cuites à la vapeur.

Sardines croustillantes au persil

Remplacez la purée de piment par 1 bouquet de persil plat haché et 4 gousses d'ail écrasées.

Sardines croustillantes à la chermoula

Mélangez 3 c. à s. de coriandre hachée, 2 c. à s. de persil haché, 2 ou 3 gousses d'ail écrasées, 1 c. à s. de paprika, 1 c. à s de cumin, 2 c. à s. de jus de citron, 3 c. à s. d'huile d'olive, du sel et du poivre. Farcissez les sardines de ce mélange.

Sardines croustillantes à la menthe

Mélangez 150 g de brousse avec 10 feuilles de menthe hachées, 3 c. à s. d'huile d'olive, du sel et du poivre. Farcissez les sardines de ce mélange. Accompagnez-les de coulis de tomates.

Sardines croustillantes au citron

Mélangez 4 brins de thym hachés, 4 brins de cerfeuil hachés, le jus et le zeste d'1 citron et 4 noix de beurre. Farcissez les sardines de ce mélange.

SARDINES CROUSTILLANTES AU PIMENT

Préparation: 30 min • **Cuisson**: 6 à 8 min • **Pour 4 personnes**

12 sardines écaillées et vidées • 1 oignon • 1 c. à c. de purée de piment
1 c. à c. d'origan • 4 c. à s. d'huile d'olive • 4 feuilles de brick
1 poignée de roquette • le jus d'1 citron • sel

- Préchauffez le four à 270 °C.
- Coupez la tête des sardines. Lavez-les et essuyez-les. Avec un petit couteau pointu, enlevez l'arête centrale sans détacher les 2 filets.
- Épluchez l'oignon et hachez-le finement.
- Dans un petit saladier, mélangez-le avec la purée de piment, l'origan, 2 c. à s. d'huile d'olive et 1 pincée de sel.
- Garnissez l'intérieur des sardines avec cette préparation et refermez les filets de façon à reconstituer les poissons. Enroulez-les dans des bandes découpées dans les feuilles de brick et laissez dépasser la queue des sardines. Badigeonnez les d'huile d'olive et faites-les cuire de 6 à 8 min à four très chaud jusqu'à ce qu'elles soient dorées.
- Servez les sardines avec du jus de citron et de la fleur de sel sur un lit de roquette.

Saumon aux poireaux et au paprika
Remplacez les baies roses de la marinade par 1 ou 2 c. à c. de paprika. Remplacez l'aneth par de la coriandre.

Saumon aux poireaux et à la citronnelle
Supprimez les ingrédients de la marinade. Ajoutez 1 branche de citronnelle coupée en très fines rondelles aux poireaux, ainsi que 10 cl de crème liquide, 4 c. à s. d'huile d'olive et 4 brins de persil.

Saumon au cresson
Remplacez les blancs de poireaux par 1 botte de cresson frais cuit à l'eau de 3 à 4 min puis mixé avec 1 filet d'huile d'olive et 1 gousse d'ail. Ajoutez 3 échalotes émincées et 1 tomate coupée en dés.

Poisson blanc aux poireaux
Remplacez le saumon par du poisson blanc : julienne, perche, panga, ou, pour les budgets plus importants, cabillaud ou colin.

SAUMON AUX POIREAUX EN PAPILLOTES

Préparation : 20 min • **Cuisson :** 15 min • **Pour 4 personnes**

4 pavés de saumon • 3 blancs de poireaux • 2 carottes
quelques brins d'aneth • sel et poivre
pour la marinade : 3 c. à s. d'huile d'olive • le jus d'½ citron
1 c. à c. de baies roses

- Préparez une marinade en mélangeant l'huile d'olive, le jus de citron, les baies roses, du sel et du poivre et arrosez les pavés de saumon avec cette préparation.
- Nettoyez soigneusement les poireaux, sans les laisser tremper dans l'eau, puis coupez-les en fines rondelles.
- Épluchez les carottes et coupez-les en petits bâtonnets.
- Faites bouillir les légumes pendant 5 min dans de l'eau salée, puis égouttez-les.
- Préchauffez le four à 200 °C.
- Préparez 4 grandes feuilles de papier de cuisson.
- Déposez sur chacune 1 c. à s. de légumes, puis 1 pavé de saumon et sa marinade et encore 1 c. à s. de légumes. Parsemez-les de brins d'aneth et fermez les papillotes en les repliant sur le dessus, puis roulez les bords comme un bonbon.
- Déposez les papillotes en haut du four chaud et laissez-les cuire pendant 10 min.
- Servez les papillotes sur des assiettes chaudes.

Poulet au miel et au soja

Remplacez le rhum par 2 ou 3 c. à s. de sauce soja et l'huile par 4 c. à s. de vinaigre de vin. Faites enfin revenir 200 g de germes de soja en même temps que le poulet.

Autres viandes

Remplacez le poulet par de la dinde, du râble de lapin ou des côtes de porc désossées.

Poulet aux épices tandoori

Mélangez 1 yaourt brassé nature, le jus d'1 citron, 4 gousses d'ail hachées, 3 cm de gingembre frais hachés, 4 c. à s. d'épices pour tandoori en poudre et quelques gouttes de colorant alimentaire rouge. Faites mariner le poulet dans ce mélange.

Poulet aux épices douces

Mélangez 3 c. à s. d'huile d'olive, le jus de 2 citrons, 4 gousses d'ail hachées, 1 c. à c. de piment doux, 1 c. à c. de cumin, 1 c. à c. de cannelle et 1 c. à c. de thym séché. Faites mariner le poulet dans ce mélange.

SAUTÉ DE POULET MARINÉ AU CITRON ET AU MIEL

Préparation : 15 min • **Cuisson :** 35 min • **Pour 6 personnes**

6 blancs de poulet • 1 kg de tomates 2 oignons rouges
piment en poudre • sel
pour la marinade : 2 citrons verts • 4 c. à s. de rhum ambré
4 c. à s. de miel • 4 c. à s. d'huile d'olive

- Pressez le jus d'1 citron vert.
- Faites chauffer le rhum dans une petite casserole et flambez-le pour éliminer l'alcool. Ajoutez le miel, 1 c. à s. d'huile et le jus de citron vert.
- Posez les escalopes de poulet dans un plat creux et nappez-les de cette marinade. Réservez au frais pendant au moins 2 h.
- Pelez les tomates et épépinez-les après les avoir ébouillantées pendant 30 s. Découpez la chair en petits dés.
- Épluchez les oignons et émincez-les.
- Faites-les fondre dans 2 c. à s. d'huile d'olive pendant 5 min. Ajoutez les tomates et laissez mijoter de 10 à 15 min avec du sel et 1 pincée de piment.
- Faites dorer les escalopes de poulet essuyées dans une sauteuse avec l'huile restante de 8 à 10 min sur chaque côté.
- Servez le sauté avec les tomates chaudes et des quartiers de citron vert.

SPAGHETTIS AUX BOULETTES ROMAINES

Préparation : 20 min • **Cuisson** : 30 min • **Pour 4 personnes**

*1 oignon • 1 bouquet de persil • 3 c. à s. de chapelure
300 g de bœuf haché • 200 g de chair à saucisse • 1 jaune d'œuf
1 c. à s. d'huile d'olive • 350 g de spaghettis • 40 cl de sauce tomate cuisinée • 50 g d'emmental râpé • sel et poivre*

- Préchauffez le four à 210 °C.
- Épluchez l'oignon et émincez-le.
- Lavez le persil, séchez-le et hachez-le.
- Mélangez l'oignon émincé, la chapelure, la viande hachée, la chair à saucisse, le jaune d'œuf, 2 c. à s. de persil haché. Salez et poivrez.
- Faites des boulettes, mettez-les dans un plat légèrement huilé et faites-les cuire pendant 20 min.
- Pendant ce temps, préparez les spaghettis selon les indications sur le paquet et égouttez-les.
- Faites chauffer la sauce tomate.
- Dressez les assiettes en commençant par un fond de spaghettis, puis ajoutez les boulettes et la sauce tomate. Terminez en parsemant d'emmental râpé et d'un peu de persil haché.

Spaghettis aux boulettes au parmesan
Remplacez la chapelure par 50 g de parmesan râpé.

Spaghettis aux saucisses
Pour un plat plus rapide à préparer, remplacez les boulettes de porc par des morceaux de saucisse de Toulouse ou de chipolatas cuites sans matières grasses à la poêle.

Spaghettis aux moules
Remplacez les boulettes par 1 l de moules cuites à la cocotte avec 1 oignon émincé et 20 cl de vin blanc sec jusqu'à ce qu'elles soient ouvertes. Retirez les coquilles.

Sauce tomate cuisinée maison
Faites dorer 1 oignon et 1 gousse d'ail finement hachés avec 1 c. à s. d'huile d'olive. Ajoutez 20 cl de vin blanc sec et laissez évaporer. Ajoutez 800 g de tomates concassées et laissez mijoter pendant 20 min. Ajoutez du sel et du poivre et 1 c. à s. de sucre.

TAGLIATELLES AU CHÈVRE ET À L'ORIGAN

Préparation : 15 min • **Cuisson** : 20 min • **Pour 4 personnes**

1 bouquet d'origan • quelques brins de persil plat • 5 c. à s. d'huile d'olive
500 g de tagliatelles • 250 g de fromage de chèvre frais
5 gousses d'ail • sel et poivre

- Rincez l'origan et le persil, puis séchez-les. Réservez 2 ou 3 tiges d'origan. Ciselez le reste ainsi que le persil et arrosez le tout de 3 c. à s. d'huile d'olive. Mélangez et réservez.
- Faites cuire les tagliatelles al dente, dans une grande quantité d'eau bouillante salée, puis égouttez-les.
- Émiettez le fromage de chèvre.
- Épluchez les gousses d'ail après avoir enlevé leur germe puis émincez-les et faites-les revenir, dans une grande poêle, avec 2 c. à s. d'huile d'olive. Ajoutez les tagliatelles bien égouttées et les herbes marinées.
- Laissez réchauffer la préparation sur feu doux en mélangeant avec une cuillère en bois.
- Versez les tagliatelles dans un grand plat et parsemez-les de fromage de chèvre émietté. Salez, poivrez, et ajoutez les feuilles d'origan puis servez sans attendre.

Tagliatelles au chèvre et aux tomates cerises

Coupez 12 tomates cerises en 2 et ajoutez-les à la préparation en même temps que le fromage de chèvre. Vous pouvez utiliser une moitié de tomates rouges et une moitié de tomates jaunes.

Tagliatelles au chèvre et aux poireaux

Remplacez l'origan par 2 blancs de poireaux coupés en rondelles et cuits à la vapeur pendant 8 min ou revenus à la poêle avec un peu de beurre de 10 à 15 min.

Tagliatelles au chèvre et aux lardons

Utilisez 150 g de fromage de chèvre seulement et complétez par 100 g de lardons fumés revenus à la poêle sans matière grasse.

Tagliatelles aux 4 fromages

Utilisez 100 g de fromage de chèvre seulement et complétez avec 100 g de mascarpone, 100 g de brie coupé en petits morceaux, et 50 g de parmesan.

TERRINE DE LÉGUMES AUX ŒUFS

Préparation : 10 min • **Cuisson :** 1 h 10 min • **Pour 6 personnes**

500 g de macédoine de légumes surgelée • beurre
1 petit bouquet de persil • 1 petit bouquet d'estragon
1 petit bouquet de cerfeuil • 10 œufs • sel et poivre

- Faites cuire les légumes à la vapeur pendant 10 min puis laissez-les refroidir.
- Enduisez de beurre un moule à cake et tapissez-le de papier de cuisson, en laissant dépasser largement les bords.
- Préchauffez le four à 200 °C.
- Lavez les herbes, séchez-les et ciselez-les.
- Battez les œufs dans un grand saladier, puis salez, poivrez et ajoutez les herbes et les légumes froids en mélangeant le tout à l'aide d'une cuillère.
- Versez cette préparation dans le moule, puis rabattez le papier de cuisson pour la recouvrir complètement.
- Faites cuire pendant 30 min et baissez la température du four à 180 °C, puis laissez cuire pendant encore 30 min.
- Démoulez la terrine une fois tiède puis découpez-la en tranches et servez-la froide

Terrine de légumes aux œufs et à la ricotta
Remplacez la moitié des œufs par 200 g de ricotta. Vous pouvez aussi utiliser de la brousse ou n'importe quel autre fromage frais.

Terrine de ratatouille aux œufs
Remplacez la macédoine par 500 g de ratatouille surgelée ou en conserve, que vous ferez cuire selon les indications du fabricant.

Macédoine maison
Coupez 2 carottes, 1 chou-fleur moyen et 1 petite pomme de terre en très petits dés. Ajoutez 150 g de petits pois. Faites cuire tous les légumes à la vapeur séparément puis mélangez-les.

Vinaigrette au citron
Mélangez 2 c. à s. de jus de citron, 5 c. à s. d'huile d'olive, 1 c. à c. de sel marin et 1/2 c. à c. de poivre fraîchement moulu. Servez la vinaigrette avec la terrine.

Tian au brie

Remplacez les copeaux d'emmental par des morceaux de brie. Vous pouvez également utiliser de la mozzarella, de la tomme de Savoie, du fromage de chèvre ou du comté.

Tian sur lit d'oignons

Épluchez 3 gros oignons et émincez-les. Faites-les revenir à la poêle avec 2 c. à s. d'huile d'olive sans les laisser brunir. Tapissez-en le plat à gratin avant d'ajouter les légumes.

Tian aux courgettes et aux poivrons

Remplacez les aubergines par la même quantité de courgettes et remplacez 500 g de tomates par 2 poivrons verts coupés en lamelles et revenus à la poêle avec de l'huile d'olive.

Tian de pommes de terre

Remplacez les aubergines par la même quantité de pommes de terre que vous ferez cuire à l'eau pendant 20 min puis que vous pèlerez et couperez en rondelles.

TIAN D'AUBERGINES ET DE TOMATES

Préparation : 30 min • **Cuisson** : 45 min • **Pour 4 personnes**

3 gousses d'ail • 1,5 kg de tomates • 150 g d'olives vertes dénoyautées 1,5 kg d'aubergines • 3 c. à s. d'huile d'olive • 2 grosses c. à s. d'herbes de Provence • 250 g de copeaux d'emmental • sel et poivre

- Épluchez les gousses d'ail, coupez-les en 2 et enlevez le germe. Réservez 1 moitié de gousse et hachez les autres finement.
- Ébouillantez les tomates, puis pelez-les. Coupez-les en morceaux en éliminant les pépins, puis égouttez-les, salez et poivrez et mélangez-les avec l'ail haché.
- Rincez les olives, égouttez-les et coupez-les en 2.
- Rincez et essuyez les aubergines, puis débitez-les en fines rondelles sans les éplucher.
- Faites chauffer l'huile d'olive et faites revenir les rondelles d'aubergines (en plusieurs fois, si nécessaire) en les mélangeant avec les herbes de Provence.
- Préchauffez le four à 210 °C.
- Préparez 1 grand plat à gratin : frottez les parois et le fond avec la dernière moitié de gousse d'ail et aspergez d'huile d'olive.
- Disposez les ingrédients en couches successives : aubergines aux herbes, tomates à l'ail puis olives et copeaux d'emmental. Recommencez et terminez par des tomates et de l'emmental.
- Mettez au four pour 30 min et servez bien chaud.

Timbales de carottes
aux raisins
Ajoutez à la préparation 40 g de raisins secs blonds trempés dans de l'eau pendant 15 min puis égouttés.

Timbales de carottes
au gingembre
Remplacez les graines de cumin par 1 morceau de gingembre de 1 cm pelé et haché. À défaut, utilisez 2 c. à c. de gingembre en poudre.

Timbales de carottes
à la coriandre
Remplacez les graines de cumin par 1 petit bouquet de coriandre lavé, séché et grossièrement haché. Vous pouvez remplacer le jus d'orange par du jus de citron.

Timbales de betteraves
Remplacez les carottes par la même quantité de betteraves rouges déjà cuites dont vous couperez 1/3 en cubes.

TIMBALES DE CAROTTES AU LARD FUMÉ

Préparation : 20 min • **Cuisson :** 40 min • **Pour 4 personnes**

800 g de jeunes carottes • 1 c. à s. de graines de cumin • 3 œufs
200 g de tranches fines de bacon • 1 orange
1 c. à c. de fond de veau • sel et poivre

- Pelez les carottes et faites-les cuire à la vapeur pendant 15 min. Coupez-en 1/3 en tronçons et mixez le reste avec les œufs entiers, du sel, du poivre et 1 pincée de graines de cumin.
- Préchauffez le four à 180 °C.
- Hachez finement 50 g de lard, faites-le griller à la poêle et incorporez-le aux carottes.
- Chemisez sur 2 cm le fond de petits ramequins avec des tranches très fines de lard fumé et remplissez-les avec la préparation. Couvrez avec 1 lamelle de lard.
- Sur une plaque à four creuse, versez 20 cl d'eau et posez-y les ramequins. Faites cuire au four pendant 15 min.
- Pendant ce temps pressez l'orange, ajoutez-y le fond de veau et faites infuser le reste des graines de cumin sur feu doux. Laissez réduire de moitié.
- Pour servir, démoulez les timbales et arrosez-les de sauce à l'orange.

Tomates farcies au cœur de blé et au poulet
Remplacez 100 g de cœur de blé par 100 g de filet de poulet cuit et grossièrement haché. Vous pouvez également utiliser du filet de dinde.

Tomates farcies au riz et à la menthe
Remplacez le cœur de blé par la même quantité de riz long. Remplacez le basilic par de la menthe.

Tomates farcies au pesto et aux champignons
Remplacez 100 g de cœur de blé par 100 g de champignons de Paris frais émincés et cuits à la poêle avec un peu d'huile d'olive de 10 à 12 min. Remplacez la sauce tomate préparée par 1 petit pot de pesto.

Tomates farcies au cœur de blé et jambon
Remplacez 100 g de cœur de blé par 100 g de jambon blanc grossièrement haché. Vous pouvez également utiliser du jambon sec ou des tranches de poulet fumé.

TOMATES FARCIES AU CŒUR DE BLÉ ET AU BASILIC

Préparation : 20 min • **Cuisson :** 45 min • **Pour 4 personnes**

250 g de cœur de blé • 8 grosses tomates • 2 oignons
1 bouquet de basilic • 4 c. à s. d'huile d'olive
200 g de parmesan râpé • sel et poivre

- Préparez le cœur de blé en le laissant cuire seulement le quart du temps indiqué sur le paquet puis égouttez-le.
- Lavez les tomates et découpez un chapeau sur chacune d'elles. Retirez la pulpe à l'aide d'une cuillère à café et retournez les tomates pour qu'elles s'égouttent. Réservez les chapeaux et la pulpe (avec le moins de pépins possible).
- Préchauffez le four à 210 °C.
- Épluchez les oignons et coupez-les finement. Lavez le basilic, séchez-le et ciselez-le.
- Faites revenir les oignons dans de l'huile d'olive. Ajoutez la pulpe des tomates. Salez, poivrez et laissez mijoter pendant quelques minutes, sans couvercle.
- Ajoutez le cœur de blé, puis le basilic et le parmesan râpé. Rectifiez l'assaisonnement et mélangez.
- Disposez les tomates évidées dans un plat à gratin préalablement huilé et garnissez-les avec la préparation.
- Enfournez et laissez cuire pendant 15 min, puis placez les chapeaux sur chaque tomate et remettez au four pour 15 min.
- Décorez les tomates farcies avec du basilic et servez aussitôt.

Tortilla aux oignons
Épluchez 2 gros oignons et émincez-les grossièrement. Faites-les revenir pendant quelques minutes dans la sauteuse avec les pommes de terre.

Tortilla aux légumes grillés
Ajoutez 150 g de poivrons, d'artichauts, de courgettes ou d'aubergines grillés et coupées en dés à la préparation. Vous pouvez mélanger plusieurs légumes différents.

Tortilla aux olives et au gruyère
Ajoutez 3 c. à s. d'olives vertes dénoyautées et coupées en lamelles à la préparation. Ajoutez 100 g de gruyère coupé en dés.

Tortilla aux tomates séchées
Ajoutez 10 g de tomates séchées à l'huile égouttées et coupées en lamelles à la préparation. Vous pouvez accompagner ces tortillas au gré de vos envies : poivrons grillés, tomates confites, olives, dés de gruyère, etc.

TORTILLA DE POMMES DE TERRE AU CHORIZO

Préparation : 20 min • **Cuisson :** 40 min • **Pour 4 personnes**

500 g de pommes de terre • 2 gousses d'ail • 150 g de chorizo
1 petit bouquet de persil • 5 c. à s. d'huile • 10 œufs
1/2 c. à s. de piment doux en poudre • 6 pincées de piment fort en poudre
1/2 c. à c. de cumin en poudre • 1/2 c. à c. d'origan en flocons • sel

- Préchauffez le four à 210 °C.
- Pelez les pommes de terre, rincez-les et coupez-les en rondelles de 1 cm d'épaisseur.
- Épluchez l'ail et hachez-le finement.
- Coupez le chorizo en lanières de 0,5 cm d'épaisseur.
- Lavez le persil, séchez-le et ciselez-le.
- Faites blondir les pommes de terre dans une sauteuse avec l'huile.
- Ajoutez l'ail, le chorizo et le persil. Faites cuire le tout pendant 3 min en remuant puis égouttez dans une passoire.
- Fouettez à la fourchette les œufs avec du sel, le piment, le cumin, l'origan. Mélangez le tout avec la préparation au chorizo.
- Répartissez le mélange dans 2 moules à manqué sur 5 cm d'épaisseur et faites cuire au four de 25 à 30 min. Laissez tiédir la tortilla avant de la découper en cubes.

Truite à la ciboulette
Supprimez la moutarde et le vinaigre balsamique de la recette. Ajoutez à la sauce 15 brins de ciboulette lavés, séchés et ciselés.

Truite aux amandes
Faites cuire 4 pavés de truite enrobés de farine à la poêle avec du beurre. Ajoutez en fin de cuisson 75 g d'amandes effilées grillées à sec. Servez arrosé du jus d'1 citron et parsemé de persil haché.

Truite sur lit d'asperges
Remplacez les épinards par 2 petites boîtes de petites asperges blanches.

Saumon à la moutarde
Remplacez les pavés de truite par des pavés de saumon frais.

TRUITE À LA MOUTARDE À L'ANCIENNE

Préparation : 15 min • **Cuisson :** 7 min • **Pour 4 personnes**

600 g de pavé de truite très frais • 3 c. à s. de moutarde à l'ancienne
20 cl de crème fraîche • 1 c. à c. de vinaigre balsamique
4 poignées d'épinards frais • 30 g de beurre • sel et poivre

- Découpez la truite en gros cubes et enduisez ceux-ci de 2 c. à s de moutarde à l'ancienne. Réservez-les au frais.
- Mélangez la moutarde restante avec la crème fraîche, le vinaigre balsamique, du sel et du poivre.
- Lavez et séchez les feuilles d'épinards. Faites-les suer dans le beurre pendant 2 min ; salez et poivrez.
- Préchauffez le gril du four.
- Au moment de servir, faites cuire les cubes de truite sous le gril pendant 5 min en les retournant souvent de façon qu'ils soient mi-cuits (ils doivent rester souples à la pression).
- Servez-les aussitôt sur un lit d'épinards accompagnés de la sauce.

Waterzoï de poulet à l'eau de vie
Ajoutez 1 c. à s. d'eau de vie, de genièvre de préférence, à la préparation.

Accompagnements
Servez le waterzoï accompagné de purée de pommes de terre ou de céleri et de tranches de pain de campagne grillées.

Waterzoï de dinde à la bière
Remplacez le poulet par 1 petite dinde ou par 6 filets de dinde et ajoutez 50 cl de bière dans le bouillon de cuisson de légumes pour faire cuire le poulet.

Waterzoï de pintade ou de canard
Remplacez le poulet par 1 pintade ou 1 canard de taille équivalente. Préférez les fermiers.

WATERZOÏ DE POULET

Préparation : 30 min • **Cuisson :** 1 h 20 • **Pour 6 personnes**

10 carottes • 3 poireaux • 500 g de branches de céleri • 1 céleri-rave le jus de 2 citrons • 1 bouquet de persil • 6 branches de menthe 1 poulet fermier • 30 cl de crème fraîche • 3 jaunes d'œufs sel et poivre

- Épluchez les carottes, les poireaux et les céleris, et coupez-les en morceaux après avoir citronné le céleri-rave pour éviter l'oxydation.
- Faites cuire les légumes à l'eau salée. Égouttez-les et réservez-les. Conservez le bouillon de cuisson.
- Lavez les herbes, séchez-les et hachez-les.
- Ouvrez le poulet. Salez et poivrez l'intérieur et l'extérieur. Farcissez-le avec un peu d'herbes, cousez-le et faites-le cuire de 50 min à 1 h (selon la grosseur) dans le bouillon de cuisson des légumes.
- Mettez la crème dans un bol, ajoutez les jaunes d'œufs et mélangez en incorporant 3 c. à s. de persil et 1 branche de menthe ciselée. Salez, poivrez et réservez.
- Égouttez le poulet, coupez-le en morceaux et réservez.
- Filtrez le bouillon de cuisson du poulet, faites-le réduire à feu vif et ajoutez le mélange d'œufs et de crème. Salez et poivrez.
- Servez le poulet nappé de bouillon en plaçant les légumes réchauffés autour.

DESSERTS

ANANAS EN PAPILLOTES, À LA CANNELLE

Préparation : 10 min • **Cuisson :** 30 min • **Pour 4 personnes**

1 boîte d'ananas en tranches • 7 cl de rhum blanc
14 cl de sirop de sucre de canne • 2 c. à c. de cannelle en poudre
sucre en poudre

- Préchauffez le four à 180 °C.
- Égouttez les tranches d'ananas.
- Mélangez le rhum et le sucre de canne dans un bol.
- Préparez 4 grands carrés de papier sulfurisé.
- Au centre de chacun, déposez 2 ou 3 tranches d'ananas, saupoudrez-les de cannelle et arrosez de quelques gouttes du mélange de rhum et de sucre de canne. Éventuellement, ajoutez un peu de sucre en poudre.
- Refermez bien les papillotes, attachez-les avec de la ficelle de cuisine et faites-les cuire au four pendant 30 min.
- Servez chaud.

Pêches en papillotes
Remplacez les tranches d'ananas par des pêches au sirop coupées en rondelles.

Papillotes décorées
Juste avant de servir, ouvrez les papillotes et ajoutez dans chacune quelques baies roses, 1 clou de girofle et 1 brin de romarin glacé au sucre.

Ananas au miel épicé
Préparez un sirop en faisant chauffer 50 cl d'eau, 4 c. à s. de miel de sapin, 5 capsules de cardamome, 2 étoiles de badiane et 20 baies roses. Nappez les tranches d'ananas de ce mélange. Supprimez la cannelle et la préparation au rhum.

Ananas au poivre
Préparez un sirop en faisant chauffer 20 cl d'eau et 200 g de sucre en poudre. Donnez 3 tours de moulin à poivre. Faites mariner les tranches d'ananas dans ce mélange pendant 1 h avant de les cuire en papillotes.

Bananes aux raisins secs
Faites tremper 1 poignée de raisins secs dans du rhum brun pendant 15 min. Ajoutez-les dans la poêle en même temps que les bananes.

Bananes au rhum au chocolat
Faites fondre 200 g de chocolat à pâtisserie avec 10 cl de crème liquide. Parfumez avec 10 cl de rhum. Faites dorer 4 bananes à la poêle avec du beurre. Servez-les nappées de chocolat au rhum.

Chantilly maison
Versez 50 g de crème fraîche épaisse très froide dans un saladier et battez-la au fouet en incorporant 35 g de sucre glace au fur et à mesure. Servez la chantilly avec les bananes.

Cognac, armagnac, etc.
Vous pouvez remplacer le rhum par du cognac, de l'armagnac, du calvados ou encore de l'eau-de-vie.

BANANES FLAMBÉES AU RHUM

Préparation : 5 min • **Cuisson :** 5 min • **Pour 4 personnes**

4 bananes • le jus d'½ citron • 20 g de beurre • 6 c. à s. de sucre roux
1 sachet de sucre vanillé • le jus d'1 orange • 10 cl de rhum

- Pelez les bananes et coupez-les dans le sens de la longueur. Arrosez-les de jus de citron.
- Faites fondre le beurre, le sucre roux et le sucre vanillé dans une poêle et laissez caraméliser.
- Ajoutez les bananes et faites-les colorer en veillant à bien les enrober de caramel.
- Déglacez le caramel avec le jus d'orange.
- Faites chauffer le rhum dans une petite casserole, versez-le sur les bananes et flambez.
- Servez aussitôt les bananes accompagnées d'1 boule de glace à la vanille.

Autres fruits

Vous pouvez remplacer les pommes par des poires, de l'ananas ou des bananes en hiver, ou par des abricots, des pêches ou encore des prunes en été.

Pommes épicées

Pour relever un peu le dessert, vous pouvez ajouter dans la poêle avec les pommes 1 pincée de cardamome, 1 pincée de gingembre et 1 ou 2 c. à c. de quatre-épices.

Pommes à la vanille

Ajoutez 1 sachet de sucre vanillé dans la poêle avec les pommes. Si vous avez des gousses de vanille, ajoutez-en 1 fendue dans la poêle à la place du sucre vanillé.

Bricks aux pommes

Supprimez le pain brioché. Répartissez les pommes cuites dans 4 feuilles de brick. Badigeonnez de beurre et faites cuire au four préchauffé à 180 °C jusqu'à ce que les bricks commencent à dorer.

BRIOCHE CROUSTILLANTE AUX POMMES ET AUX RAISINS

Préparation : 20 min • **Cuisson :** 12 min • **Pour 4 personnes**

1 poignée de raisins blancs secs • le jus d'1 orange • 4 pommes
40 g de beurre demi-sel • 30 g de sucre roux • 4 tranches de pain brioché

- Mettez les raisins secs à tremper dans le jus d'orange pour les réhydrater.
- Épluchez les pommes et coupez-les en quartiers.
- Faites-les dorer à la poêle, dans le beurre, avec le sucre, pendant quelques minutes. Lorsque les pommes sont un peu caramélisées, versez le jus d'orange avec les raisins et mélangez bien, en remuant, pour dissoudre les sucs de cuisson.
- Faites dorer les tranches de pain brioché au grille-pain. Découpez chacune d'elles en 4 triangles. Déposez-les sur des assiettes et versez les pommes et les raisins poêlés par-dessus.
- Servez bien chaud.

Brochettes de friandises
Vous pouvez remplacer les fruits par des petites madeleines ou des morceaux de guimauve. Vous pouvez aussi alterner morceaux de fruits et friandises.

Brochettes de fruits à la noix de coco
Passez les brochettes de fruits dans une assiette remplie de noix de coco râpée avant de les tremper dans le chocolat. Privilégiez les fruits exotiques (mangue, ananas, litchis, etc.)

Chocolat blanc fondu aux noisettes
Remplacez le chocolat noir par la même quantité de chocolat blanc à pâtisserie. Une fois le chocolat fondu, parsemez-le de noisettes concassées.

Fondue aux chocolats parfumés
Vous pouvez remplacer le chocolat noir par du chocolat au lait, du Toblerone, du chocolat noir à l'écorce d'orange ou du chocolat praliné.

BROCHETTES DE FRUITS AU CHOCOLAT FONDU

Préparation : 15 min • **Cuisson** : 5 min • **Pour 8 brochettes**

8 fraises • 1 orange • 2 kiwis • 2 bananes • 1 citron
200 g de chocolat noir • 15 cl de crème liquide

- Lavez les fraises, épluchez les autres fruits et coupez le tout en morceaux.
- Préparez les brochettes en alternant les morceaux de fruits.
- Découpez le chocolat dans un saladier.
- Faites chauffer la crème à feu doux jusqu'à frémissement puis versez-la sur le chocolat et mélangez.
- Servez aussitôt les brochettes avec le chocolat fondu.

Cake aux abricots à l'amaretto
À la sortie du four, arrosez le cake de 2 c. à s. d'amaretto et dégustez-le bien chaud accompagné d'une boule de glace à la pistache.

Cake aux abricots et à la lavande
Faites infuser 2 c. à c. rases de fleurs de lavande séchées dans 10 cl de lait puis filtrez le lait. Ajoutez-le dans le saladier avec le beurre ramolli.

Cake aux pêches et aux noix
Remplacez les abricots par des pêches, fraîches ou au sirop, et utilisez des cerneaux de noix à la place des amandes. Vous pouvez faire caraméliser les noix à la poêle avec un peu de miel.

Cake aux prunes et au chocolat blanc
Remplacez les abricots par des prunes (des quetsches ou des reines-claudes). Supprimez 70 g de sucre roux et ajoutez 100 g de chocolat blanc à pâtisserie concassé dans l'appareil à cake.

CAKE AUX ABRICOTS FAÇON TATIN

Préparation : 25 min • **Cuisson** : 1 h 05 • **Pour 8 personnes**

500 g d'abricots • 200 g de sucre blanc • le jus d'1/2 citron • 3 œufs 160 g de sucre roux • 150 g de farine • 1/2 sachet de levure chimique 150 g de beurre demi-sel ramolli • 1 c. à s. d'amandes effilées

- Préchauffez le four à 180 °C.
- Ouvrez les abricots en 2, dénoyautez-les et rangez-les dans le fond d'un moule à cake antiadhésif
- Préparez un caramel dans une casserole sur feu vif en faisant chauffer le sucre blanc avec 2 c. à s. d'eau. Hors du feu, ajoutez le jus de citron puis arrosez les abricots de caramel.
- Faites cuire les abricots au four en les retournant plusieurs fois jusqu'à ce qu'ils soient confits, soit pendant environ 20 min. Laissez refroidir.
- Mélangez dans un saladier les œufs avec le sucre roux. Incorporez la farine et la levure puis le beurre ramolli et recouvrez les abricots de cette préparation.
- Faites cuire pendant 40 min au four. Démoulez le cake tiède et parsemez-le d'amandes effilées légèrement grillées à sec dans une poêle.

CAKE AUX NOIX PARFUMÉ À L'ORANGE

Préparation : 20 min • **Cuisson** : 50 min • **Pour 6 personnes**

125 g de beurre ramolli + 10 g pour beurrer le moule
125 g de sucre cristallisé • 3 œufs • 2 oranges non traitées
50 g de cerneaux de noix • ½ sachet de levure chimique
200 g de farine • sel

- Préchauffez le four à 230 °C.
- Travaillez le beurre avec une cuillère en ajoutant le sucre et les œufs progressivement jusqu'à obtention d'une pommade blanche.
- Prélevez le zeste et le jus des oranges.
- Pilez grossièrement les noix.
- Incorporez la levure, la farine, le jus et le zeste d'orange ainsi que les noix pilées à la pommade. Salez très légèrement.
- Beurrez un moule à cake et versez-y la préparation (elle ne doit pas dépasser les ¾ du plat), puis enfournez et laissez cuire pendant 15 min. Ensuite baissez la température du four à 180 °C et laissez cuire pendant encore 35 min (n'ouvrez pas le four en cours de cuisson).
- Attendez que le cake soit tiède pour le démouler et servez-le tiède ou froid.

Cake aux noix et aux raisins secs

Faites tremper 50 g de raisins secs dans 15 cl de jus d'orange pendant 15 min. Égouttez-les et passez-les dans de la farine. Ajoutez-les à la préparation en même temps que les noix pilées.

Cake aux noix et au citron

Remplacez les oranges par le zeste et le jus de 3 ou 4 citrons jaunes. Vous pouvez également ajouter des morceaux de citrons confits à la préparation.

Cake aux noix et au cacao amer

Ajoutez 50 g de cacao amer à la préparation. Pour un goût plus doux, vous pouvez utiliser de la poudre pour boisson chocolatée.

Cake aux pistaches

Remplacez les noix par la même quantité de pistaches. Vous pouvez également utiliser des noisettes ou des amandes.

Charlotte parfumée

Si vous n'aimez pas le goût de la cannelle, vous pouvez la remplacer par le zeste d'1 citron jaune non traité, 1 c. à s. de sucre vanillé ou 1 c. à c. d'extrait de vanille.

Charlotte aux biscuits à la cuillère

Remplacez les tranches de pain de mie par des biscuits à la cuillère. Ce sont les petits gâteaux mous que l'on utilise généralement pour les charlottes.

Charlotte aux fraises

Remplacez les pommes par la même quantité de fraises équeutées et coupées en 2. Il n'est pas nécessaire de les faire dorer. Ajoutez 3 c. à s. de confiture de fraises sur le pain de mie.

Crème à la vanille

Battez 1 œuf, 30 g de sucre en poudre et 1 sachet de sucre vanillé dans une casserole. Ajoutez 1 c. à s. de Maïzena puis 50 cl de lait et mélangez bien. Faites chauffer pendant 5 min en remuant puis laissez refroidir. Servez avec la charlotte.

CHARLOTTE AUX POMMES REINETTES

Préparation : 15 min • **Cuisson :** 45 min • **Pour 6 personnes**

500 g de pain de mie un peu sec • 80 g de beurre
1 kg de pommes reinettes • 100 g de sucre en poudre
1 c. à c. de cannelle

- Réalisez une chapelure pas trop fine en écrasant 100 g de pain de mie.
- Beurrez le reste du pain de mie, puis découpez 1/3 des tranches en forme de triangles et le reste en forme de rectangles.
- Épluchez les pommes, coupez-les en lamelles assez épaisses, puis faites-les dorer dans une poêle avec 50 g de beurre. Mélangez-les bien avec la chapelure, le sucre et la cannelle et réservez.
- Préchauffez le four à 180 °C.
- Beurrez copieusement un moule à charlotte et déposez sur le fond les triangles de pain de mie (pointe au centre et côté beurré sur le dessus). Tapissez les parois du moule avec les rectangles de pain de mie (côté beurré à l'intérieur).
- Versez la préparation de pommes dans le moule, en tassant un peu, et faites cuire au four pendant 45 min.
- Attendez que la charlotte soit froide pour la démouler.

CLAFOUTIS DE PÊCHES JAUNES

Préparation : 15 min • **Cuisson** : 30 min • **Pour 4 personnes**

4 pêches • 1/2 gousse de vanille • 80 g de farine • 80 g de sucre en poudre
2 œufs • 20 cl de lait • 1 c. à s. de crème fraîche
1 c. à s. d'amandes effilées • 30 g de beurre • sel

- Pelez les pêches et coupez-les en tranches. Versez-les dans un saladier.
- Portez 30 cl d'eau à ébullition avec la gousse de vanille fendue. Versez sur les pêches, couvrez et laissez mariner.
- Préchauffez le four à 180 °C.
- Mélangez la farine, le sucre et 1 pincée de sel dans un saladier. Creusez une fontaine et incorporez les œufs un à un à l'aide d'une cuillère en bois en évitant de former des grumeaux. Délayez petit à petit avec le lait et la crème.
- Beurrez des petits moules. Répartissez les pêches égouttées et les amandes légèrement grillées à sec dans les moules et recouvrez-les avec la préparation.
- Faites cuire au four pendant 25 min environ.
- Servez ces clafoutis chaud, tiède ou froid.

Clafoutis de pêches à la menthe

Supprimez la vanille. Versez dans le saladier avec les pêches 10 feuilles de menthe ciselées, 20 cl de jus d'ananas, 20 cl d'eau et 1 sachet de sucre vanillé. Laissez mariner pendant 30 min.

Clafoutis aux pêches et aux mûres

Remplacez 2 pêches par 200 g de mûres fraîches soigneusement lavées et séchées. À défaut, utilisez des mûres surgelées décongelées.

Clafoutis aux cerises

Remplacez les pêches par 700 g de cerises noires. Les puristes laisseront les noyaux. Les autres préféreront dénoyauter les cerises.

Clafoutis aux prunes

Remplacez les pêches par 600 g de prunes (reines claudes, questsches ou mirabelles en saison). Dénoyautez-les préalablement.

COCKTAIL LACTÉ À LA GUIMAUVE

Préparation : 10 min • **Cuisson :** 3 min • **Pour 4 personnes**

1 morceau de guimauve (12 cm de long) • *50 cl de lait*

- Découpez la guimauve en petits morceaux et répartissez ceux-ci dans 4 verres.
- Faites chauffer le lait à feu doux dans une casserole, sans le laisser bouillir.
- Versez le lait chaud sur la guimauve et mélangez.
- Servez aussitôt.

Cocktail lacté au thym

Faites bouillir 50 cl de lait. Retirez du feu, ajoutez 2 c. à c. de miel et 6 brins de thym. Laissez infuser pendant 5 min puis servez.

Chocolat chaud

Faites bouillir 50 cl de lait avec 50 g de sucre puis incorporez 100 g de chocolat noir finement haché au lait. Mélangez au fouet puis servez.

Cocktail lacté au pastis

Faites bouillir 50 cl de lait. Ajoutez 1 c. à s. de miel dès frémissement et fouettez. Ajoutez 2 c. à s. de pastis et retirez du feu. Servez aussitôt.

Cocktail vodka guimauve

Coupez 1 morceau de guimauve de 20 cm de long en fagments très fins. Mélangez-les avec 70 cl de vodka, fermez hermétiquement et laissez macérer pendant 3 jours avant de déguster.

337

Mandarines au miel

Versez les tranches de mandarines dans une poêle, ajoutez 1/2 c. à c. de cannelle en poudre et 2 c. à s. de miel et faites revenir pendant quelques minutes. Disposez-les ensuite sur la crème.

Crème à la mandarine et à la menthe

Remplacez le bâton de cannelle par 10 feuilles de menthe entières lavées et essuyées. Décorez les crèmes avec des petites feuilles de menthe juste avant de servir.

Crème au pamplemousse rose

Remplacez les mandarines par 6 pamplemousses roses. Vous pouvez aussi utiliser des pamplemousses jaunes ou des oranges sanguines.

Crème à la mandarine à l'agar-agar

Ajoutez 2 g d'agar-agar dans la casserole en même temps que le jus de mandarine, de façon que la crème tienne mieux.

CRÈME À LA MANDARINE

Préparation : 15 min • **Cuisson :** 5 min • **Pour 4 personnes**

12 mandarines • 1 citron • 80 g de sucre en poudre
1 bâton de cannelle • 600 g de fromage blanc

- Lavez 2 mandarines et râpez-en le zeste. Lavez-en 1 autre et coupez-la en fines tranches. Réservez quelques zestes et les tranches pour la décoration.
- Pressez toutes les mandarines et le citron.
- Versez la moitié du jus de mandarine, le sucre, le bâton de cannelle dans une casserole et faites chauffer sur feu doux, sans laisser bouillir. Remuez sans cesse jusqu'à ce que la préparation devienne crémeuse.
- Retirez la casserole du feu et enlevez le bâton de cannelle puis mélangez avec le reste de jus de mandarine et le jus de citron.
- Versez la crème sur le fromage blanc, et battez le tout au fouet.
- Remplissez 4 coupes de ce mélange et décorez avec les zestes et l tranche de mandarine.
- Réservez la crème au frais pendant au minimum 4 h.

Crème brûlée aux noix de pécan
Ajoutez 30 g de noix de pécan grossièrement concassées à la préparation. À défaut utilisez des noix.

Pas de sucre d'érable ?
On peut commander du sucre d'érable sur quelques sites Internet canadiens ou l'acheter dans certaines boutiques bios. Pour simplifier la recette, vous pouvez utiliser simplement du sucre semoule.

Crème brûlée au miel et aux pistaches
Remplacez le sirop d'érable par 1 c. à s. de miel liquide. Ajoutez 30 g de pistaches grossièrement concassées à la préparation.

Crème brûlée aux zestes de citron
Remplacez le sirop d'érable par 4 c. à s. de sucre semoule. Faites infuser le zeste finement râpé d'1/2 citron jaune avec la crème fleurette chaude pendant 5 min puis poursuivez la recette.

CRÈME BRÛLÉE AU SIROP D'ÉRABLE

Préparation : 5 min • **Cuisson :** 10 min • **Pour 4 personnes**

40 cl de crème fleurette • 4 jaunes d'œufs • 7,5 cl de sirop d'érable
4 c. à s. de sucre d'érable

- Versez la crème fleurette dans une casserole et portez à ébullition.
- Dans une autre casserole, fouettez les jaunes d'œufs avec le sirop d'érable. Incorporez la crème chaude. Faites chauffer sur feu très doux et laissez épaissir sans cesser de remuer avec une spatule en bois. Arrêtez le feu avant le point d'ébullition : le mélange ne doit absolument pas bouillir.
- Versez la préparation dans des ramequins et mettez ceux-ci au réfrigérateur.
- Au moment de servir, saupoudrez les crèmes de sucre d'érable et caramélisez-les au fer à crème brûlée ou sous le gril du four préchauffé.

CRÈME CATALANE À L'ORANGE

Préparation : 10 min • **Cuisson** : 30 min • **Pour 6 personnes**

1 orange • 8 jaunes d'œufs
200 g de cassonade + supplément pour la caramélisation
1 c. à s. d'eau de fleur d'oranger • 40 cl de crème fleurette
50 cl de lait entier

- Préchauffez le four à 150 °C.
- Râpez le zeste de l'orange avant de la presser. Réservez le zeste et le jus.
- Dans un saladier, battez les jaunes d'œufs avec le sucre jusqu'à ce que le mélange blanchisse. Incorporez-y le zeste et le jus d'orange, l'eau de fleur d'oranger, la crème fleurette et le lait.
- Versez la crème dans 6 ramequins larges et peu profonds. Faites cuire au bain-marie pendant 30 min.
- Laissez refroidir puis placez les ramequins au réfrigérateur pour au moins 2 h.
- Au moment de servir, saupoudrez les crèmes de sucre. Faites-les caraméliser en les passant rapidement sous le gril du four.

Crème catalane aux écorces d'oranges confites
Supprimez le zeste et le jus d'orange. Parsemez le fond des ramequins d'écorces d'oranges confites avant d'ajouter l'appareil à crème.

Crème catalane originelle
Remplacez l'orange par le zeste d'1 citron jaune et laissez infuser 1 bâton de cannelle dans le lait avant d'incorpore celui-ci à la préparation.

Crème catalane aux raisins blancs
Préparez l'appareil à crème catalane originelle. Répartissez 150 g de raisins blancs égrappés au fond des ramequins avant d'ajouter l'appareil.

Crème catalane à la compotée de pommes
Faites compoter 6 pommes coupées en dés à feu doux dans une casserole. Répartissez la compotée au fond des ramequins puis ajouter l'appareil à crème originelle.

Crumble aux poires et au chocolat blanc

Remplacez les coins par 6 poires crues coupées en gros dés. Supprimez les noix et incorporez 100 g de chocolat blanc concassé à l'appareil à crumble.

Crumble à la rhubarbe

Remplacez les coings par 600 g de rhubarbe pelée, coupée en rondelles et mise à dégorger pendant 1 h dans 1 passoire avec 60 g de sucre semoule.

Crumble de bananes aux spéculoos

Remplacez les coings par 600 g de bananes crues coupées en rondelles. Remplacez la poudre d'amandes par la même quantité de spéculoos écrasés.

Crumble de fruits rouges

Remplacez les coings par 600 g de fruits rouges mélangés surgelés décongelés. Supprimez la cannelle et ajoutez 1 sachet de sucre vanillé.

CRUMBLE AUX COINGS CARAMÉLISÉS

Préparation : 20 min • **Cuisson** : 40 min • **Pour 6 personnes**

4 coings • 100 g de beurre + 15 g pour le plat • 30 g de sucre roux
100 g de farine • 80 g de sucre • 1/2 c. à c. de cannelle en poudre (facultatif)
80 g de poudre d'amandes • 50 g de cerneaux de noix

- Faites cuire les coings entiers avec leur peau dans de l'eau bouillante pendant 15 min.
- Égouttez-les et laissez-les refroidir avant de les peler et détaillez-les en quartiers en enlevant la partie dure et les pépins.
- Dans une sauteuse, faites-les dorer et caraméliser avec 20 g de beurre et le sucre roux.
- Préchauffez le four à 180 °C.
- Dans un saladier, mélangez la farine, le reste du beurre, le sucre en poudre, la cannelle ainsi que la poudre d'amandes. Sablez la préparation entre les mains.
- Placez les coings dans un plat beurré.
- Concassez les noix grossièrement et répandez-les dans le plat avant de tout recouvrir avec l'appareil à crumble.
- Faites cuire au four pendant 30 min.
- Servez tiède ou froid.

Feuilleté arlequin à la cannelle
Ajoutez 1 c. à c. de cannelle en poudre dans la poêle avec les pommes. Faites de même avec les oranges. Vous pouvez remplacer la cannelle par du quatre-épices.

Arlequin de poire et pomelo
Remplacez les pommes par des poires et les oranges par des pomelos. Faites cuire les poires avec 1 pincée de cardamome, pour en relever le goût.

Feuilletés légers
Pour une version plus diététique de cette recette, remplacez les pâtes feuilletées par des feuilles de brick, beaucoup plus pauvres en calories mais tout aussi esthétiques.

Sauce aux raisins
Faites chauffer à la poêle 100 g de raisins secs, 2 c. à s. de miel et le jus d'1 orange. Laissez réduire jusqu'à une consistance sirupeuse. Servez avec les feuilletés arlequin.

FEUILLETÉ ARLEQUIN DE POMME ET D'ORANGE

Préparation : 15 min • **Cuisson** : 35 min • **Pour 4 personnes**

2 pommes golden • 50 g de beurre • 2 c. à s. de sucre en poudre
2 belles oranges • 2 rouleaux de pâte feuilletée • 2 c. à s. de sucre glace

- Pelez les pommes, coupez-les en quartiers et retirez les pépins.
- Faites fondre le beurre et le sucre glace dans une poêle et faites-y dorer les pommes de 2 à 3 min. Ajoutez 4 c. à s. d'eau, couvrez et laissez confire à feu doux jusqu'à évaporation complète. Les quartiers de pommes doivent rester entiers. Retirez-les et égouttez-les.
- Pelez à vif les oranges. Coupez-les en quartiers et enlevez le cœur blanc. Faites-les dorer vivement de 2 à 3 min dans la même poêle. Retirez-les, égouttez-les et laissez-les refroidir.
- Préchauffez le four à 210 °C.
- Superposez les 2 rouleaux de pâte feuilletée et découpez à la roulette dentée 4 ronds de 10 à 12 cm de diamètre.
- En plaçant de façon alternée les quartiers de pommes et d'oranges, reconstituez 4 fruits en liant les quartiers avec 2 tours de ficelle à rôti.
- Posez les ronds de pâte feuilletée sur une plaque de cuisson recouverte de papier sulfurisé et placez au centre les fruits « arlequin ». Saupoudrez de sucre glace et faites cuire au four pendant 30 min en surveillant la coloration.
- Placez les feuilletés dans des assiettes à dessert. Servez chaud ou froid.

FONDANTS AU CHOCOLAT

Préparation : 10 min • **Cuisson :** 15 min • **Pour 4 personnes**

4 œufs • 30 g de sucre glace • 250 g de chocolat noir • 100 g de beurre
50 g de poudre d'amandes • 30 g d'amandes effilées

- Préchauffez le four à 180 °C.
- Dans un saladier, battez vigoureusement les œufs et le sucre jusqu'à l'obtention d'un mélange blanc et mousseux.
- Mettez le chocolat noir cassé en petits morceaux et le beurre dans une petite casserole et faites fondre au bain-marie.
- Laissez refroidir le chocolat puis mélangez-le à la mousse d'œufs et de sucre.
- Ajoutez la poudre d'amandes et les amandes effilées.
- Beurrez et farinez 4 moules individuels et versez-y l'appareil à fondant.
- Faites cuire à four chaud de 9 à 10 min.
- Servez chaud.

Ultrafondants au chocolat

Pour un cœur de chocolat fondant, vous pouvez placer 1 carré de chocolat entier au centre de chaque fondant.

Fondant au chocolat et aux noisettes

Remplacez les amandes effilées par des noisettes entières ou très grossièrement concassées et remplacez la poudre d'amandes par la même quantité de noisettes réduites en poudre.

Fondant au chocolat et aux marrons

Remplacez 100 g de chocolat noir et la poudre d'amandes par 250 g de crème de marrons (l'équivalent d'1/2 boîte). Vous pouvez utiliser du chocolat blanc pour cette variante.

Fondants au chocolat aux abricots secs

Ajoutez 16 abricots secs coupés en tout petits dés à la préparation. Vous pouvez supprimer la poudre d'amandes et les amandes effilées.

Abricots en mille-feuille

Remplacez les fraises par des abricots frais dénoyautés.

Fraises en mille-feuille au basilic

Pour une recette encore plus parfumée, incorporez au fromage 1 c. à s. de basilic finement haché. Dans ce cas, ne mettez pas de sucre vanillé.

Caramel poivré

Préparez un caramel à sec avec 80 g de sucre. Lorsqu'il est blond, retirez la casserole du feu et laissez-le tiédir 1 min puis ajoutez 2 pincées de poivre, le jus d'1/2 citron et 2 c. à s. d'eau. Servez avec les mille-feuilles.

Fraises en mille-feuille au chocolat blanc

Faites fondre 150 g de chocolat blanc au bain-marie, puis versez-le en petits tas étalés sur une feuille de papier cuisson. Laissez prendre puis utilisez les cercles de chocolat blanc à la place du fromage frais.

FRAISES EN MILLE-FEUILLE

Préparation : 20 min • **Cuisson :** aucune • **Pour 4 personnes**

12 grosses fraises • 180 g de fromage frais ferme
80 g de sucre en poudre • 1 sachet de sucre vanillé

- Passez les fraises rapidement sous le robinet et séchez-les avec du papier absorbant.
- Mélangez bien le fromage frais avec le sucre en poudre et le sucre vanillé et roulez-le en un cylindre de diamètre identique à celui des fraises dans un film étirable.
- Découpez les fraises et le cylindre précédent en rondelles puis reconstituez les fraises en mille-feuille en intercalant les tranches de fromage frais. Réservez au frais.
- Servez frais.

FROMAGE BLANC AUX FRUITS FRAIS

Préparation : 10 min • **Cuisson :** aucune • **Pour 4 personnes**

1 barquette de fraises • 1 barquette de framboises • 30 g de sucre
1 c. à s. d'eau de fleur d'oranger • 1 petite mangue bien mûre
4 fromages blancs en faisselle • 4 feuilles de menthe

- Passez rapidement les fruits rouges sous l'eau fraîche. Équeutez les fraises et détaillez-les en tranches.
- Écrasez les framboises avec une cuillère en bois dans un tamis pour en recueillir la pulpe, puis ajoutez le sucre et l'eau de fleur d'oranger. Gardez au frais.
- Pelez la mangue et coupez-la en petits morceaux.
- Égouttez chaque faisselle, et renversez-les dans 4 assiettes à dessert. Répartissez les fruits par-dessus et nappez-les avec le coulis de framboises.
- Décorez le fromage blanc avec 1 feuille de menthe et servez bien frais.

Autres parfums
Vous pouvez remplacer l'eau de fleur d'oranger par de l'extrait d'amande amère, de l'eau de rose ou du sirop de violette.

Fromage blanc aux fruits d'hiver
Remplacez les fruits rouges et la mangue par 2 bananes, 2 poires et 2 pommes. Faites cuire les pommes à la poêle avec un peu de beurre jusqu'à ce qu'elles soient tendres.

Fromage blanc aux fruits exotiques
Remplacez les fruits rouges par des petits dés d'ananas ou de litchis. Vous pouvez aromatiser le fromage blanc au lait de coco ou le parsemer de noix de coco râpée.

Fromage blanc à la crème de marrons
Pour un dessert express, remplacez les fruits et les arômes par 8 c. à s. de crème de marrons.

Gâteau brioché aux poires et au chocolat

Faites fondre 100 g de chocolat noir cassé en morceaux avec 10 cl de crème liquide. Nappez la première pâte briochée de chocolat fondu avant d'ajouter les poires.

Gâteau brioché aux fruits d'été

En été, cette recette est également délicieuse avec des prunes, des abricots ou des pêches jaunes.

Tartelettes aux poires

Vous pouvez remplacer les pâtes briochées par des rouleaux de pâte brisée, de pâte feuilletée ou de pâte sablée.

Chaud-froid aux poires et à la vanille

Parsemez les poires de sucre vanillé avant d'enfourner le gâteau. Servez-le tiède accompagné d'1 boule de glace à la vanille et nappée de caramel liquide préparé avec 50 g de sucre et 5 cl d'eau.

GÂTEAU BRIOCHÉ AUX POIRES ET AUX AMANDES

Préparation : 20 min • **Cuisson :** 45 min • **Pour 6 personnes**

1 kg de poires conférence ou Louise-bonne • 2 pâtes briochées en sachet
1 poignée d'amandes effilées • 50 g de beurre

- Épluchez les poires, coupez-les en 2 et supprimez la partie centrale et les pépins, puis coupez-les en lamelles.
- Préparez la 1re pâte briochée selon les indications données.
- Étalez-la dans un plat à tarte garni de papier sulfurisé puis piquez-la avec une fourchette, recouvrez-la avec les lamelles de poires et parsemez d'amandes effilées.
- Préchauffez le four à 180 °C.
- Préparez la 2e pâte briochée et découpez-la en petites bandes. Disposez ces bandelettes sur les poires en les entrecroisant.
- Parsemez le gâteau de petits morceaux de beurre et faites-le cuire au four pendant 45 min.
- Servez tiède.

GAUFRES DE LIÈGE

Préparation : 10 min • **Cuisson :** 15 min • **Pour 20 gaufres**

20 cl de lait • 500 g de farine • 20 g de levure de boulanger
200 g de beurre • 3 jaunes d'œufs • sel

- Faites tiédir le lait dans une casserole.
- Versez la farine dans un saladier. Placez la levure dans un creux au centre, ajoutez la moitié du lait tiède et recouvrez d'1 cuillérée de farine. Laissez lever la pâte à température ambiante : une mousse doit se former.
- Faites fondre le beurre coupé en morceaux.
- Ajoutez dans le saladier, au centre, le reste du lait, le beurre fondu, le sucre, 1 pincée de sel et les œufs. Mélangez à partir du centre en incorporant petit à petit la farine sur les bords.
- Laissez reposer la préparation au moins 1 h, ou si possible, jusqu'au lendemain.
- Faites chauffer le gaufrier. Versez 30 g de préparation et faites bien dorer avant de démouler.
- Dégustez les gaufres tièdes.

Accompagnements

Servez les gaufres accompagnées de confiture de fruits rouges, de pâte à tartiner au chocolat, de chantilly ou simplement de sucre glace et de morceaux de fruits frais.

Gaufres à la banane

Coupez 2 bananes pelées en rondelles. Ajoutez-les à la pâte à gaufre. Servez les gaufres avec de la compote de pommes à la banane.

Gaufres au potimarron

Remplacez la farine par 500 g de chair de potimarron cuite dans de l'eau bouillante pendant 20 min.

Gaufres vertes

Faites dégeler 80 g d'épinards hachés surgelés et égouttez-les. Mélangez-les avec les feuilles d'1 bouquet de menthe. Incorporez le mélange à la pâte à gaufre. L'épinard colorera la pâte sans lui donner de goût.

GRATIN DE PÊCHES AUX AMANDES

Préparation : 15 min • **Cuisson** : 40 min • **Pour 4 personnes**

10 pêches pas trop mûres • 10 feuilles de sauge fraîche • 30 g de beurre 30 g de sucre • 1 verre de vin rosé • 1 poignée d'amandes effilées

- Préchauffez le four à 270 °C.
- Lavez les pêches, séchez-les, coupez-les en 2 et enlevez les noyaux.
- Rincez les feuilles de sauge et séchez-les.
- Faites chauffer le beurre dans une grande poêle, versez le sucre et mélangez puis disposez les pêches « côté peau ». Quand le caramel commence à blondir, retournez les fruits, puis déglacez avec le vin rosé. Ajoutez les feuilles de sauge et laissez cuire à feu doux pendant 10 min.
- Égouttez les pêches, laissez-les tiédir, puis retirez leur peau. Réservez le jus de cuisson.
- Rangez les fruits dans un plat à gratin, et faites cuire au four pendant 20 min.
- Faites dorer les amandes dans une poêle, sans matières grasses.
- Sortez le gratin du four pour éparpiller les amandes sur les pêches et les arroser avec le jus de cuisson.
- Remettez le gratin au four pour 5 min.
- Servez chaud.

Gratin de pêches aux framboises
Avant de servir, déposez, çà et là, des petites touches de gelée de framboises. Vous pouvez sinon décorer le gratin de framboises fraîches.

Gratin de pêches à la menthe
Remplacez les feuilles de sauge par 10 feuilles de menthe. Si vous aimez les goûts inattendus, essayez avec des feuilles de basilic à la place de la sauge.

Gratin de melon à l'estragon
Remplacez les pêches par 2 ou 3 melons détaillés en billes et utilisez de l'estragon à la place de la sauge.

Gratin de pêches au pain d'épice
Émiettez grossièrement 4 tranches de pain d'épice et parsemez-en les pêches avant de faire cuire le gratin au four. Supprimez la sauge.

Liqueur de chocolat au lait
Remplacez le cacao amer en poudre par de la poudre au chocolat au lait pour préparation lactée.

Liqueur de café
Laissez macérer 200 g de café en grains dans 1 l d'alcool à 45° dans un récipient hermétiquement fermé pendant 5 jours. Ajoutez-y 1 sirop de sucre préparé avec 300 g de sucre et 20 cl d'eau. Laissez macérer pendant 5 jours, filtrez et mettez en bouteille.

Liqueur de châtaigne
Faites fondre 400 g de sucre dans 50 cl d'eau, ajoutez 50 cl d'alcool à 90° et 500 g de châtaignes cuites pelées. Fermez hermétiquement et laisser macérer pendant 1 mois. Filtrez puis ajoutez 500 g de pommes vertes coupées en dés et 250 g de sucre. Laissez macérer pendant 1 mois.

Liqueur de verveine
Faites macérer 40 g de feuilles de verveine dans 1 l d'alcool à 40° pendant 24 h. Filtrez puis ajoutez 500 g de sucre. Mettez en bouteille.

LIQUEUR DE CHOCOLAT

Préparation : 15 min • **Cuisson :** 17 min • **Pour 1 bouteilles**

1 l de lait entier • 200 g de cacao amer en poudre
1 kg de sucre cristal • 30 cl d'alcool à 95°

- Faites tiédir le lait.
- Mélangez le cacao et le sucre dans une casserole. Versez le lait tiède progressivement en remuant pour éviter la formation de grumeaux.
- Faites cuire à feu vif sans cesser de remuer jusqu'à ébullition. Baissez alors le feu et continuez à cuire lentement en remuant toujours pendant 15 min.
- Lorsque le mélange est complètement refroidi, ajoutez l'alcool et filtrez avec une passoire fine avant de mettre en bouteille.
- Attendez 1 mois avant de consommer la liqueur de chocolat.

MOUSSE DE CITRON AUX FRAISES

Préparation : 30 min • **Cuisson** : aucune • **Pour 4 personnes**

1 barquette de fraises • 10 feuilles de menthe • 1 c. à s. de pistaches
3 c. à s. de sucre semoule • le jus et le zeste d'1 citron jaune
250 g de fromage frais en faisselle • le zeste d'1 citron vert
25 cl de crème fleurette • 100 g de sucre glace

- Lavez rapidement les fraises, équeutez-les et découpez-les en tranches. Disposez-les dans un petit saladier.
- Lavez la menthe, essuyez-la et ciselez-la.
- Hachez grossièrement les pistaches.
- Prélevez 1/3 des fraises et mixez-les en coulis avec le sucre semoule et le jus du citron jaune. Ajoutez la menthe et versez sur les fraises dans le saladier. Couvrez d'un film alimentaire et mettez au frais pour 1 h.
- Fouettez vigoureusement le fromage égoutté avec les zestes des 2 citrons et les pistaches.
- Montez la crème fleurette très froide en chantilly en incorporant à la fin le sucre glace puis la préparation au fromage, tout en continuant de fouetter.
- Servez très frais.

Mousse sur tuiles aux amandes

Garnissez 8 tuiles avec la mousse de fromage et la préparation aux fraises et superposez-les 2 par 2 dans chaque assiette à dessert. Décorez-les de feuilles de menthe.

Mousse de citron aux fruits rouges

Vous pouvez remplacer les fraises par des framboises, des mûres, des airelles, des myrtilles, des cassis ou des groseilles. Vous pouvez éventuellement mélanger les différents fruits.

Mousse de citron aux pistaches

Juste avant de servir, parsemez la mousse de pistaches grossièrement hachées.

Mousse d'orange à la mangue

Remplacez les citrons par 1 belle orange non traitée et utilisez 1 mangue pelée et coupée en morceaux à la place des fraises.

Brioche perdue
Remplacez le pain rassis par de la brioche rassie. À défaut, vous pouvez également utiliser du pain de mie ou du panettone.

Pommes au sirop d'érable
Au moment de faire caraméliser les pommes, remplacez le sucre par 5 c. à s. de sirop d'érable. Vous pouvez napper les desserts de sirop d'érable au moment de servir.

Pain perdu à la cannelle
Ajoutez 2 c. à c. de cannelle en poudre dans la préparation au lait et à l'œuf pour le pain perdu.

Pain perdu tartiné
Vous pouvez remplacer les pommes caramélisées par de la confiture de lait, de la pâte à tartiner au chocolat, du lemon curd, de la confiture de fraises ou de la crème de marrons.

PAIN PERDU ET POMMES AU CARAMEL

Préparation : 15 min • **Cuisson** : 20 min • **Pour 6 personnes**

2 œufs • 50 cl de lait • 1 sachet de sucre vanillé
100 g de sucre en poudre • 12 tranches de pain rassis
150 g de beurre • 4 pommes

- Cassez les œufs dans un petit saladier, puis battez-les avec le lait, le sucre vanillé et 50 g de sucre en poudre.
- Imbibez les tranches de pain de ce mélange, en les trempant rapidement pour qu'elles ne soient pas trop molles.
- Faites fondre 50 g de beurre dans une grande poêle et faites dorer les tranches de pain, en plusieurs fois, des 2 côtés, en rajoutant un peu de beurre à chaque poêlée. Réservez les tranches de brioche, au chaud dans le four très doux, au fur et à mesure.
- Épluchez les pommes, puis coupez-les en quartiers et coupez-les en tranches pas trop fines.
- Faites fondre le reste du beurre dans la poêle. Ajoutez les tranches de pommes et le sucre en poudre puis laissez caraméliser les 2 côtés en remuant délicatement.
- Servez les pommes chaudes, sur les tranches de pain chaudes.

Pastillas au chocolat et aux framboises
Supprimez les noix. Une fois les pastillas cuites, décorez-les de framboises fraîches lavées et séchées. Nappez-les de coulis de framboises.

Pastillas aux chocolats divers
Remplacez le chocolat noir par du chocolat blanc, du chocolat au lait et aux amandes, du Toblerone, du chocolat noir aux écorces d'orange confites, du chocolat noir à la menthe ou du chocolat praliné.

Feuilletés au chocolat
Remplacez les feuilles de brick par 1 rouleau de pâte feuilletée bien étalée et coupée en 4.

Sorbet au fromage blanc
Portez à ébullition 12,5 cl d'eau avec 175 g de sucre, laissez tiédir puis incorporez 500 g de fromage blanc à 20 % de matières grasses. Faites turbiner en sorbetière. Servez avec les pastillas.

PASTILLAS AU CHOCOLAT ET AUX NOIX

Préparation : 10 min • **Cuisson :** 8 min • **Pour 8 personnes**

400 g de chocolat noir à 70 % • 50 g de noix • 25 cl de crème liquide
30 g de beurre • 2 jaunes d'œufs + 1 blanc • 4 feuilles de brick
cannelle en poudre • sucre glace

- Cassez le chocolat en morceaux puis concassez-le.
- Hachez grossièrement les noix.
- Dans une casserole, portez la crème à ébullition. Plongez-y le chocolat concassé et faites-le fondre en remuant doucement. Incorporez le beurre ramolli puis les jaunes d'œufs et les noix.
- Étalez cette pâte sur du papier sulfurisé de façon qu'elle fasse 2 cm d'épaisseur. Laissez prendre au frais.
- Préchauffez le four à 210 °C.
- Coupez les feuilles de brick en 2.
- Découpez dans la ganache durcie 8 triangles et enveloppez-les dans les demi-feuilles de brick. Utilisez du blanc d'œuf pour souder les feuilles entre elles.
- Faites cuire les pastillas de 5 à 8 min à 210 °C pour rendre la feuille de brick croustillante.
- Saupoudrez de sucre glace et servez aussitôt.

Oranges confites aux épices
Ajoutez 1 étoile de badiane, 1 bâton de cannelle et 1 gousse de vanille dans le sirop où les oranges seront confites. Retirez-les en fin de cuisson.

Noix caramélisées
Jetez 100 g de cerneaux de noix dans une poêle chaude avec 1 c. à s. de sucre glace et faites caraméliser. Laissez-les égoutter puis parsemez-en le dessert.

Citrons confits
Remplacez les oranges par 4 citrons non traités. Utilisez de préférence des citrons jaunes, qui seront moins acides.

Orangettes
Faites fondre 300 g de chocolat noir de couverture coupé en morceaux au bain-marie. Plongez-y 150 g d'écorces d'orange confites en lanières puis retirez-les 1 par 1 et égouttez-les sur du papier sulfurisé.

PÂTES DE CHOCOLAT AUX ORANGES CONFITES

Préparation : 25 min • **Cuisson :** 35 min • **Pour 4 personnes**

250 g de farine • 100 g de cacao amer • 215 g de sucre
1 sachet de sucre vanillé • 4 œufs • 2 oranges à écorce épaisse non traitée
2 c. à s. de miel d'acacia

- Dans un saladier, versez en fontaine la farine, le cacao amer, 15 g de sucre et le sucre vanillé. Incorporez les œufs les uns après les autres jusqu'à obtention d'une pâte souple.
- Enveloppez la pâte de film alimentaire et laissez-la reposer pendant 1 h.
- Pendant ce temps, lavez les oranges et faites-les cuire pendant 5 min dans une grande casserole d'eau. Égouttez-les, laissez-les refroidir puis coupez-les en tranches de 0,5 cm et recoupez les tranches en 2 ou 4 selon la grosseur.
- Placez-les dans une casserole avec le reste de sucre (200 g). Couvrez-les d'eau à hauteur et laissez-les confire sur feu doux pendant 30 min.
- Abaissez la pâte au rouleau sur 3 mm d'épaisseur. Découpez des bandes de 2 cm de large à la roulette dentée et faites cuire dans de l'eau bouillante pendant 3 min. Rafraîchissez-les sous l'eau froide, égouttez-les et disposez-les dans des coupelles individuelles.
- Ajoutez les oranges égouttées et nappez de miel.

Mangue au muscat
Remplacez les pêches par 2 mangues et les fruits rouges par de la pulpe de fruits de la Passion. Vous pouvez ajouter quelques grains de grenade pour le décor.

Pêches façon tiramisu aux biscuits roses de Reims
Pour une version de fête, un peu plus onéreuse, remplacez les biscuits à la cuillère par des biscuits roses de Reims.

Pêches façon tiramisu sans alcool
Remplacez les pêches et le sirop au muscat dans lequel elles macèrent par 1 boîte de pêches au sirop.

Coulis de fruits rouges maison
Versez 500 g de fruits rouges mélangés surgelés décongelés dans le bol d'1 mixeur, ajoutez 100 g de sucre et mixez. Vous pouvez également utiliser des fruits frais en saison.

PÊCHES AU MUSCAT FAÇON TIRAMISU

Préparation : 15 min • **Cuisson** : aucune • **Pour 4 personnes**

4 pêches jaunes ou blanches • 20 cl de muscat • 150 g de sucre
3 œufs • 250 g de mascarpone • 12 biscuits à la cuillère
150 g de coulis de fruits rouges

- Pelez les pêches, enlevez les noyaux et découpez-les en tranches.
- Versez-les dans un saladier et arrosez-les avec le muscat. Faites-les macérer au frais pendant 1 h avec 50 g de sucre.
- Pendant ce temps, fouettez les jaunes d'œufs avec le reste de sucre jusqu'à ce que le mélange blanchisse. Ajoutez alors le mascarpone toujours en fouettant.
- Montez les blancs d'œufs en neige ferme et incorporez-les sans les briser à la préparation. Réservez au frais.
- Égouttez les pêches et récupérez le jus de macération en le filtrant. Imbibez-en les biscuits à la cuillère grossièrement brisés dans un bol.
- Au moment de servir, répartissez en couches successives dans des coupes ou des verres tous les éléments. Arrosez avec du coulis de fruits rouges et servez très frais.

Petits bateaux de citron
Remplacez les oranges par 3 gros citrons jaunes ou 6 petits citrons verts. Dans ce dernier cas, ne coupez pas les fruits en 2 avant de servir.

Voiles en noix de coco
Prélevez des copeaux de chair de noix de coco à l'aide d'un économe et utilisez-les en guise de voiles, en les faisant tenir avec 1 petite pique.

Petits bateaux pour adultes
Ajoutez 2 c. à s. de rhum, de vodka ou de gin dans la casserole pour la préparation de chaque gelée.

Gelée au thé à l'orange
Faites infuser 1 sachet de thé à l'orange dans 40 cl d'eau, ajoutez 40 g de sucre et 2 g d'agar-agar et faites bouillir de 3 à 4 min. Ajoutez le jus de 2 oranges. Laissez prendre au réfrigérateur pendant 2 h. Utilisez cette gelée à la place de la gelée orange.

PETITS BATEAUX EN GELÉE

Préparation : 5 min • **Cuisson :** 10 min • **Pour 12 bateaux**

3 oranges • 1 kiwi • 160 g de gelée de fruit (orange, verte et rouge) • 6 fraises

- Pressez 2 oranges et récupérez leur jus. Coupez la 3e en 2. Videz l'intérieur des 6 écorces sans les abîmer.
- Pelez le kiwi et coupez-le en rondelles. Lavez les fraises.
- Dans une casserole, faites fondre la gelée, (commencez par la couleur orange).
- Répartissez dans 2 écorces des morceaux d'orange et versez la gelée orange par-dessus.
- Laissez tiédir et réservez au frais pendant 2 h.
- Renouvelez l'opération à l'identique avec les 2 autres couleurs de gelée et les fruits de même couleur.
- Avant de servir, recoupez chaque écorce en 2.

POIRES VANILLÉES AU CHOCOLAT

Préparation : 10 min • **Cuisson :** 35 min • **Pour 4 personnes**

4 poires pas trop mûres • 125 g de sucre • 1 sachet de sucre vanillé
100 g de chocolat noir • 10 cl de lait • 75 g de beurre ramolli

- Épluchez les poires en gardant le pédoncule.
- Dans une casserole, versez 1 l d'eau puis ajoutez le sucre et le sucre vanillé. Faites chauffer.
- Ajoutez les poires et laissez frémir pendant 25 min puis égouttez les fruits et laissez-les refroidir.
- Concassez le chocolat noir et mettez-le dans un saladier.
- Faites chauffer le lait jusqu'à ébullition et versez-le peu à peu sur le chocolat, en remuant constamment, puis ajoutez le beurre. Mélangez encore et laissez refroidir pour obtenir une ganache.
- Coupez les poires en 4, puis reconstituez-les en intercalant 3 couches de ganache.
- Placez au réfrigérateur pour 4 h.

Poires vanillées à la crème de marrons

Remplacez le chocolat fondu avec le lait et le beurre par 250 g de crème de marrons. Vous pouvez aussi mélanger la moitié du chocolat fondu avec 125 g de crème de marrons.

Poires à la cardamome et au chocolat

Remplacez le sucre vanillé par 1 capsule entaillée de cardamome.

Oranges au chocolat

Remplacez les poires par 4 oranges soigneusement pelées et coupées en 4 rondelles épaisses.

Crème anglaise

Faites bouillir 50 cl de lait, 75 g de sucre et 1 sachet de sucre vanillé. Versez sur 4 jaunes d'œufs en remuant puis remettez dans la casserole et remuez jusqu'à ce que le mélange nappe la cuillère, sans laisser bouillir. Laissez refroidir puis servez avec les poires.

Pommes au four express
Pour gagner du temps, faites cuire les pommes au four à micro-ondes, pendant 8 min, à puissance maximale.

Pommes au four aux fruits rouges
Vous pouvez remplacer la confiture de framboises par de la gelée de groseilles ou de coings, ou encore de la confiture de figues ou de mûres.

Pommes au four au miel
Garnissez chaque pomme de 2 cerneaux de noix concassés et d'1 c. à c. de miel. Diluez 80 g de miel avec 10 cl d'eau et nappez-en les pommes avant d'enfourner.

Pommes au four à la crème de cidre
Mélangez 4 c. à s. de cidre brut, le jus d'1/2 citron, 2 c. à s. de crème fraîche, 1 pincée de cannelle et 8 c. à c. de sucre roux. Garnissez les pommes de ce mélange avant de les faire cuire.

POMMES AU FOUR, À LA FRAMBOISE

Préparation : 10 min • **Cuisson :** 20 min • **Pour 4 personnes**

1 poignée d'amandes • 4 grosses pommes
4 c. à s. de confiture de framboises • 25 g de beurre

- Préchauffez le four à 180 °C.
- Décortiquez les amandes, émondez-les puis concassez-les très grossièrement.
- Lavez les pommes et séchez-les puis découpez un chapeau et creusez le centre de chaque fruit pour retirer les cloisons dures et les pépins.
- Remplissez les pommes avec la confiture de framboises et parsemez de morceaux d'amandes.
- Rangez les pommes, bien calées les unes contre les autres, dans un plat allant au four.
- Mettez 1 noisette de beurre sur chacune et faites cuire pendant 20 min environ.
- Servez tiède, de préférence.

Caramel au beurre salé et au cacao
Lors de la préparation du caramel, ajoutez 4 c. à s. de cacao amer dans la casserole en même temps que le sucre.

Crêpes aux pommes confites
Garnissez 4 crêpes de morceaux de pommes confites, nappez de caramel et repliez les crêpes en 2, puis encore en 2. Servez avec de la crème chantilly.

Aumônières de pommes confites
Enveloppez chaque morceau de pomme confite dans 1 cercle de feuille de brick de 15 cm de diamètre et nouez en aumônière avec du fil de cuisine. Passez au four préchauffé à 180 °C pendant 5 min puis servez, nappées de caramel.

Sauce au pain d'épice
Émiettez 6 tranches de pain d'épice et faites-les ramollir dans 1 verre d'eau. Mixez-les avec 2 c. à s. de crème fraîche épaisse. Faites chauffer à feu doux pendant quelques minutes et servez avec les pommes confites.

POMMES CONFITES, SAUCE CARAMEL AU BEURRE SALÉ

Préparation : 15 min • **Cuisson** : 15 min • **Pour 4 personnes**

300 g de sucre • 1 sachet de sucre vanillé • 2 grosses pommes golden le jus d'1 citron • 20 cl de crème liquide • 30 g de beurre salé 50 g d'amandes

- Préparez un sirop dans une casserole avec 150 g de sucre, le sucre vanillé et 50 cl d'eau.

- Pelez les pommes. Coupez-les en 2. Enlevez le cœur et les pépins. Arrosez-les de jus de citron puis plongez-les dans le sirop. Portez à frémissement et faites confire les pommes jusqu'à ce qu'elles soient translucides. Égouttez-les et laissez-les refroidir.

- Dans une casserole, faites chauffer à sec le reste de sucre en remuant très doucement. Lorsqu'il est entièrement fondu et commence à caraméliser, ajoutez petit à petit la crème liquide sans cesser de remuer. Arrêtez la cuisson et incorporez le beurre demi-sel. Laissez tiédir.

- Concassez les amandes et faites-les griller à sec dans une poêle.

- Dans des assiettes à dessert, dressez les demi-pommes et remplissez le cœur avec la sauce tiède. Parsemez d'amandes grillées.

Purée de bananes aux fraises

Remplacez la mangue par des fraises fraîches. Vous pouvez aussi utiliser de la confiture de fraises.

Faux crumble de bananes et mangue aux spéculoos

Parsemez le dessert de spéculoos grossièrement émiettés.

Bananes écrasées à la cassonade

Écrasez à la fourchette 2 bananes pelées. Arrosez-les de 4 c. à c. de jus de citron vert et mélangez. Saupoudrez de 2 c. à s. de cassonade et servez aussitôt, sans remuer.

Tapioca à la banane et au lait de coco

Faites tremper 3 c. à s. de perles de tapioca dans de l'eau tiède pendant 10 min. Faites chauffer 40 cl de lait de coco avec 50 g de sucre puis ajoutez 4 bananes pelées coupées en rondelles et laissez cuire pendant 5 min puis ajoutez les perles de tapioca égouttées et poursuivez la cuisson pendant 5 min. Servez chaud.

PURÉE DE BANANE ET MANGUE AU YAOURT

Préparation : 5 min • **Cuisson** : aucune • **Pour 2 personnes**

½ mangue bien mûre • 1 banane bien mûre
1 c. à s. de yaourt brassé

- Épluchez les fruits puis écrasez leur chair ensemble à l'aide d'une fourchette.
- Ajoutez le yaourt en mélangeant doucement.
- Servez frais, dans des ramequins.

Verrines au quinoa

Répartissez le quinoa cuit au fond de 4 verrines, recouvrez de morceaux de mangue et nappez de caramel. Parsemez de noix de coco râpée.

Quinoa aux pommes

Versez le quinoa dans 1 casserole avec 2 fois son volume d'eau, ajoutez 2 pommes coupées en morceaux, 3 c. à s. de raisins secs, 1 c. à c. de cannelle, 1 c. à c. de quatre-épices et 4 c. à s. de sucre roux. Faites cuire pendant 15 min à couvert sur feu doux.

Poires au caramel d'épices douces

Remplacez le quinoa par le contenu d'1 boîte de poires au sirop égouttées. Parsemez d'amandes effilées avant de servir.

Gourmandises au caramel d'épices douces

Servez le caramel nappé sur des gaufres, des crêpes, des madeleines, du pain perdu, une tarte aux pommes ou un crumble aux abricots.

QUINOA AU CARAMEL D'ÉPICES DOUCES

Préparation : 10 min • **Cuisson :** 20 min • **Pour 4 personnes**

200 g de quinoa • 70 cl de lait • 200 g de sucre en poudre
2 étoiles de badiane • 1 bâton de cannelle • 15 cl de lait de coco

- Faites légèrement dorer à sec dans une casserole antiadhésive les graines de quinoa. Ajoutez le lait et faites cuire à couvert sur feu doux jusqu'à évaporation complète.
- Dans une petite casserole, faites un sirop avec 10 cl d'eau et le sucre, et faites-y infuser la badiane et la cannelle sur feu doux. Poursuivez la cuisson jusqu'à obtention d'un caramel doré.
- Retirez la casserole du feu, versez-y le lait de coco et remettez sur feu doux sans cesser de remuer jusqu'à dissolution du caramel.
- Versez sur le quinoa, mélangez délicatement et servez.

Rhubarbe fraîche
Pelez 8 branches de rhubarbe puis coupez-les en tronçons de 2 cm. Versez-les dans une casserole avec 1 pomme pelée coupée en cubes, 80 g de sucre et 10 cl d'eau. Laissez compoter à feu doux pendant 45 min.

Chaud-froid de rhubarbe à la vanille
Servez la rhubarbe bien chaude surmontée d'1 boule de glace à la vanille. Parsemez le tout de 2 tranches de pain d'épice émiettées.

Verrines à la rhubarbe
Remplissez 4 petites verrines de 3 c. à s. de compote de rhubarbe chacune, ajoutez 3 c. à s. de fromage blanc sucré et recouvrez de sablés au beurre émiettés.

Tarte à la rhubarbe
Faites cuire 1 pâte brisée à blanc. Recouvrez-la de rhubarbe cuite. Servez ainsi ou recouvrez la rhubarbe de fraises coupées en 2

RHUBARBE CHAUDE AUX ÉPICES

Préparation : 10 min • **Cuisson** : 6 min • **Pour 4 personnes**

500 g de rhubarbe surgelée • 1 orange non traitée
1 sachet de sucre vanillé • 1 clou de girofle • 1 étoile de badiane
100 g de sucre en poudre

- Faites décongeler la rhubarbe.
- Rincez l'orange et séchez-la. Découpez une lanière de zeste de 10 cm environ. Pressez le jus du fruit et enlevez les pépins.
- Faites chauffer le jus d'orange pendant 1 min, au four à micro-ondes, après avoir ajouté le sucre vanillé, le clou de girofle, la badiane, le sucre et le zeste d'orange coupé en morceaux.
- Égouttez la rhubarbe et déposez-la dans un plat creux, après l'avoir coupée en morceaux.
- Arrosez-la avec le sirop obtenu précédemment et laissez cuire pendant 5 min, au four à micro-ondes. Laissez en attente dans le four arrêté.
- Servez la rhubarbe et son jus juste chauds.

RIZ AUX ABRICOTS

Préparation : 30 min • **Cuisson :** 20 min • **Pour 6 personnes**

200 g de riz • 1 l de lait écrémé • 10 g de sucre vanillé
50 g de sucre semoule • 1 grande boîte d'oreillons d'abricots en conserve
10 cl de rhum brun • 2 jaunes d'œufs • caramel liquide
quelques feuilles de menthe (facultatif) • sel

- Désamidonnez le riz dans un saladier d'eau chaude pendant 15 min. Rincez-le à l'eau tiède et égouttez-le.
- Versez le lait, 2 g de sel et le sucre vanillé dans une casserole. Portez à ébullition.
- Ajoutez le riz et le sucre, mélangez et laissez cuire pendant 20 min à feu doux. Remuez régulièrement pour que le riz n'attache pas. Le lait doit être complètement absorbé par le riz.
- Pendant ce temps, égouttez les abricots et coupez-les en petits morceaux.
- Ajoutez au riz refroidi les abricots, le rhum, les jaunes d'œufs et mélangez délicatement.
- Répartissez le mélange dans les coupelles et réservez celles-ci au frais pendant 2 h.
- Avant de servir, arrosez le riz aux abricots d'1 filet de caramel et décorez le dessert avec 1 ou 2 feuilles de menthe.

Riz au lait aux fruits confits

Vous pouvez remplacer les abricots par des zestes de citron confits. Vous pouvez également utiliser des zestes d'orange confits ou un assortiment de fruits confits. Supprimez le rhum.

Nectarines farcies au riz au lait

Supprimez les abricots de la recette. Coupez 3 nectarines fraîches bien lavées en 2 et retirez le noyau. Garnissez-les du riz au lait. Vous pouvez aussi utiliser des pêches au sirop.

Teurgoule

Versez 100 g de riz rond, 60 g de sucre, 1 c. à c. de cannelle et 1,5 l de lait bouillant dans une terrine. Faites cuire pendant 3 h au four préchauffé à 120 °C. Une croûte couleur caramel doit se former.

Semoule au lait

Utilisez 70 g de semoule fine à la place du riz. Supprimez les abricots et remplacez-les par des raisins secs trempés dans le rhum pendant 15 min.

Quenelles de sorbet à l'orange

Servez ce dessert accompagné de quenelles de sorbet à l'orange, que vous réaliserez à l'aide de 2 cuillères. Parsemez de zeste d'orange râpé avant de servir.

Riz vanillé au lait de coco

Remplacez la crème liquide par 20 cl de lait de coco. Parsemez le riz de noix de coco râpée avant de servir. Supprimez le sirop d'orgeat.

Riz vanillé à la banane

Supprimez le sirop d'orgeat et l'orange. Coupez 4 bananes pelées en petits dés. Faites-les revenir à la poêle très rapidement avec 2 c. à s. de sucre roux. Parsemez le riz au lait de dés de bananes juste avant de servir.

Riz vanillé au chocolat

Supprimez le sirop d'orgeat et l'orange. Ajoutez 25 g de cacao amer dans la casserole avec le lait, la crème liquide et le sucre vanillé.

RIZ VANILLÉ AU SIROP D'ORGEAT

Préparation : 15 min • **Cuisson** : 30 min • **Pour 4 personnes**

200 g de riz rond • 1 l de lait • 25 cl de crème liquide
10 cl de sirop d'orgeat • 3 sachet de sucre vanillé
180 g de sucre en poudre • 1 orange non traitée

- Versez le riz dans une passoire et rincez-le abondamment sous de l'eau très chaude. Laissez égoutter.

- Dans une grande casserole, mélangez le lait, la crème liquide, le sirop d'orgeat et le sucre vanillé, puis portez à ébullition.

- Ajoutez le riz égoutté et laissez cuire pendant 25 min à feu doux. Le riz doit alors être crémeux et le lait avoir été absorbé presque complètement.

- Hors du feu, ajoutez délicatement 150 g de sucre en poudre, puis laissez refroidir.

- Lavez l'orange et séchez-la. Prélevez son zeste, à l'aide d'un épluche-légumes, et coupez-le en lanières fines puis faites confire l'orange à feu doux après l'avoir mélangée au reste de sucre en poudre.

- Répartissez le riz dans 4 coupes individuelles et décorez avec les morceaux de zestes d'orange confits. Mettez au réfrigérateur pour servir très frais, mais non glacé.

SABLÉS AUX AMANDES

Préparation : 15 min • **Cuisson** : 15 min • **Pour 20 sablés**

180 g de beurre tendre • 90 g de sucre en poudre • 180 g de farine
120 g de Maïzena • 60 g de poudre d'amandes • sel

- Préchauffez le four à 180 °C.
- Mélangez le beurre et le sucre jusqu'à l'obtention d'un mélange mousseux.
- Ajoutez 1 pincée de sel, la farine, la Maïzena et la poudre d'amandes et mélangez soigneusement. Formez 1 boule de pâte.
- Pétrissez la pâte lentement sur une planche farinée pendant quelques minutes pour l'assouplir. Abaissez-la à 5 cm d'épaisseur et découpez des morceaux à l'emporte-pièce.
- Avec une spatule, déposez les gâteaux sur une plaque et faites cuire pendant 15 min dans le four.
- Laissez refroidir avant de servir.

Sablés au citron
Ajoutez le zeste râpé de 2 citrons jaunes ou de 2 citrons verts à la préparation. Ajoutez éventuellement 1 c. à s. de graines de pavot.

Sablés à la noix de coco
Remplacez 20 g de sucre et 30 g de Maïzena par 50 g de noix de coco râpée.

Sablés aux épices
Ajoutez à la préparation 1 c. à c. de quatre-épices, 1/2 c. à c. de gingembre en poudre, 1/2 c. à c. de cardamome en poudre et 1 pincée de noix muscade.

Sablés aux pépites de chocolat
Ajoutez 70 g de pépites de chocolat noir à la préparation.

Sablés de Noël à la cannelle
Ajoutez 2 c. à s. de cannelle en poudre et le zeste d'1 orange râpé à la préparation. Badigeonnez les sablés de jaune d'œuf avant de les enfourner.

Salade et sorbet
Cette salade s'accompagne à merveille d'1 sorbet au citron vert ou au basilic.

Salade de fraises au kiwi
Mélangez 200 g de fraises équeutées et coupées en 2 avec 3 kiwis pelés et coupés en dés. Ajoutez 2 c. à s. de sucre de canne, et éventuellement 10 cl de kirsch.

Salade de fraises et litchis à l'hibiscus
Faites infuser 1 poignée de fleurs d'hibiscus dans de l'eau bouillante puis filtrez. Remettez à chauffer avec 2 c. à s. de sucre en poudre pour obtenir un sirop. Versez-le sur 200 g de fraises équeutées et 200 g de litchis pelés et dénoyautés, le tout coupé en 4.

Salade de fraises à la menthe
Mélangez 500 g de fraises équeutées et coupées en 2 avec 10 feuilles de menthe. Arrosez de 2 c. à s. de vinaigre balsamique.

SALADE DE FRAISES AUX OLIVES CONFITES

Préparation : 15 min • **Cuisson** : 40 min • **Pour 4 personnes**

100 g d'olives noires dénoyautées • 100 g de sucre • 500 g de fraises le jus d'1/2 citron • 4 c. à s. de miel d'acacia • 1 c. à s. d'huile d'olive 4 feuilles de basilic

- La veille, faites confire les olives. Plongez-les 3 fois dans de l'eau frémissante pendant 10 min à chaque fois pour les dessaler.
- Portez à ébullition 10 cl d'eau avec le sucre et les olives dessalées pendant 10 min puis retirez du feu et laissez confire jusqu'au lendemain.
- Au moment de servir, égouttez les olives.
- Passez rapidement les fraises sous l'eau, équeutez-les, coupez-les en 2 et répartissez-les dans 4 coupelles.
- Mélangez le jus de citron et le miel et nappez-en les fraises. Ajoutez les olives bien égouttées et émincées. Arrosez d'un filet d'huile d'olive et parsemez les feuilles de basilic ciselées en lanières.

L'heure du thé à l'anglaise
Servez les scones tièdes accompagnés d'1 tasse de thé à la bergamote et de la marmelade d'oranges. Proposez également des minisandwiches salés de pain de mie au poulet et à la mayonnaise.

Scones au potiron et au citron
Remplacez 125 g de farine par 125 g de potiron cuit à l'eau et écrasé en purée. Ajoutez le zeste d'1 citron à la préparation.

Scones au chocolat
Concassez 150 g de chocolat au lait en morceaux de taille équivalente. Ajoutez 1 morceau de chocolat sur chaque disque de pâte avant d'enfourner. Vous pouvez également utiliser du chocolat blanc.

Beurre d'orange
Dissolvez 3 c. à s. de sucre dans le jus d'1 orange. Mélangez avec 100 g de beurre en pommade, le zeste râpé de l'orange et 1 c. à s. de Grand Marnier. Battez et laissez prendre pendant 12 h au réfrigérateur. Servez avec les scones.

SCONES AUX RAISINS

Préparation: 25 min • **Cuisson**: 30 min • **Pour 4 personnes**

100 g de raisins secs • 1 tasse de thé • 70 g de beurre
340 g de farine + supplément pour le plan de travail
20 g de levure chimique • 30 g de sucre • 1 œuf • 170 g de lait

- Mettez les raisins à gonfler dans le thé tiède.
- Faites fondre le beurre dans une casserole.
- À l'aide d'un robot, pétrissez pendant 10 min la farine et la levure en ajoutant successivement le sucre, le beurre fondu, l'œuf puis le lait.
- Égouttez et séchez les raisins. Incorporez-les à la pâte en la pétrissant à la main. Laissez reposer pendant 10 min
- Préchauffez le four à 180 °C.
- Sur un plan de travail fariné, étalez la pâte avec la paume de la main sur une épaisseur de 2 cm. Découpez des disques de 5 à 6 cm avec un emporte-pièce et déposez-les sur une plaque recouverte de papier sulfurisé.
- Faites cuire au four de 25 à 30 min.
- Dégustez tiède.

Soufflés aux agrumes
Remplacez les oranges par 3 citrons jaunes, 2 petits pamplemousses roses ou 6 clémentines.

Soufflés au Grand Marnier
Pour un dessert plus festif destiné aux adultes, ajoutez 2 c. à s. de Grand Marnier en même temps que le sucre.

Soufflés au chocolat
Supprimez les oranges de la recette. Ajoutez 50 g de cacao amer à la préparation avant d'incorporer les blancs d'œufs en neige.

Soufflés glacés à l'orange
Faites chauffer le zeste et le jus de 2 oranges avec 3 c. à s. de sucre pour obtenir un sirop. Hors du feu ajoutez 3 feuilles de gélatine trempées dans de l'eau puis égouttées et fouettez. Mélangez avec 400 g de fromage blanc et 2 blancs d'œufs montés en neige. Répartissez dans des ramequins et laissez prendre au réfrigérateur pendant 6 h.

SOUFFLÉS À L'ORANGE

Préparation : 20 min • **Cuisson :** 25 min • **Pour 4 personnes**

2 oranges non traitées • 4 œufs
60 g de beurre + supplément pour les moules
50 g de farine • 25 cl de lait • 125 g de sucre en poudre • sel

- Lavez les oranges et séchez-les, puis prélevez le zeste d'1 orange et râpez-le. Pressez le jus de cette orange.
- Séparez les blancs et les jaunes d'œufs. Réservez les jaunes sans les mélanger et montez les blancs en neige ferme en y ajoutant 1 pincée de sel.
- Préchauffez le four à 200 °C.
- Faites fondre le beurre dans une casserole, ajoutez le zeste d'orange râpé et la farine puis faites cuire pendant 2 min. Versez le lait et remuez constamment jusqu'à épaississement, pendant 5 min environ.
- Retirez du feu, ajoutez le sucre, le jus de l'orange, les jaune d'œufs 1 par 1, et incorporez en 3 fois les blancs montés en neige.
- Mélangez délicatement puis répartissez la préparation dans 4 petits moules copieusement beurrés. Mettez au four et laissez cuire pendant 15 min.
- Pendant ce temps, tranchez la 2e orange en rondelles fines, faites-en rôtir 4 dans du beurre chaud avec un peu de sucre.
- À la sortie du four, quand les soufflés sont gonflés, répartissez rapidement les 4 tranches d'oranges caramélisées et servez immédiatement.

Soupe glacée aux framboises

Au moment de servir, déposez 300 g de framboises fraîches lavées et séchées sur la soupe.

Souple glacée de melon

Préparez un sirop en faisant chauffer 20 cl d'eau avec 3 c. à s. de sucre roux. Mixez la chair de 2 melons et ajoutez-y le sirop. Donnez 3 tours de moulin à poivre et servez très frais.

Granité de pamplemousse rose

Mettez dans un récipient la pulpe de 2 pamplemousses roses avec 10 cl de vodka et 2 c. à s. de sucre glace. Couvrez et mettez au congélateur. Grattez toutes les 2 h jusqu'à obtention d'1 granité.

Mousse au chocolat

Faites fondre 150 g de chocolat noir au bain-marie. Incorporez-y 6 blancs d'œufs montés en neige. Laissez refroidir au réfrigérateur pendant au moins 2 h avant de servir avec la soupe glacée au pamplemousse.

SOUPE GLACÉE AU PAMPLEMOUSSE ROSE

Préparation : 15 min • **Cuisson :** 5 min • **Pour 4 personnes**

3 pamplemousses roses • 100 g de sucre • 10 capsules de cardamome
le zeste d'1 citron vert

- Pelez à vif les pamplemousses avec un petit couteau très tranchant en recueillant le jus qui s'écoule.
- Placez les suprêmes et le jus recueilli dans un plat creux.
- Dans une casserole, portez à ébullition 10 cl d'eau avec le sucre, les capsules de cardamome et le zeste de citron.
- Arrêtez le feu, versez le sirop sur les morceaux de pamplemousse, couvrez et laissez refroidir.
- Après refroidissement complet, mettez au réfrigérateur et laissez macérer jusqu'au lendemain.
- Servez bien frais.

Tarte aux agrumes
Vous pouvez remplacer les oranges par des citrons, des clémentines ou des pamplemousses roses. Vous pouvez également mélanger les agrumes.

Tarte à l'orange meringuée
Battez 2 blancs d'œufs avec 1 pincée de sel. Incorporez-y délicatement 60 g de sucre en poudre. Recouvrez la tarte déjà cuite de ce mélange et faites cuire à four très doux jusqu'à ce que la meringue soit dorée.

Tarte aux pommes express
Faites cuire 1 pâte brisée à blanc. Recouvrez-la de compote de pommes puis de 4 pommes pelées coupées en fines tranches. Faites cuire au four préchauffé à 180 °C. pendant 15 min

Tarte aux abricots
Faites cuire 1 pâte sablée à blanc. Recouvrez-la de 15 abricots coupés en 2 et dénoyautés. Parsemez de parcelles de beurre et faites cuire au four préchauffé à 180 °C pendant 15 min.

TARTE À L'ORANGE EXPRESS

Préparation : 20 min • **Cuisson** : 30 min • **Pour 4 à 6 personnes**

1 rouleau de pâte brisée • 100 g de beurre + supplément pour le moule haricots secs • 4 oranges non traitées • 1 citron non traité 3 œufs • 100 g de sucre

- Préchauffez le four à 180 °C.
- Étalez la pâte dans un moule beurré, puis piquez-la avec une fourchette. Recouvrez-la avec le papier sulfurisé qui l'enveloppait et garnissez-la avec des haricots secs.
- Faites cuire la pâte à blanc au four pendant 15 min.
- Lavez les oranges et le citron, puis séchez-les. Prélevez leur zeste et éliminez la peau blanche à l'intérieur puis coupez en très petits morceaux.
- Pressez les fruits et retirez les pépins du jus.
- Faites fondre le beurre, à feu doux, dans une petite casserole.
- Dans un petit saladier, mélangez les œufs, le sucre, le beurre fondu, les zestes et les jus d'orange et de citron puis fouettez énergiquement.
- Sortez la pâte du four, retirez les haricots et le papier, et versez la préparation sur le fond de tarte.
- Enfournez la tarte et laissez cuire pendant 15 min, puis servez tiède ou froid.

Tartelettes aux cerises et aux noisettes

Remplacez les pistaches par des noisettes. Vous pouvez aussi utiliser des noix de pécan.

Tartelettes aux mirabelles et au chocolat blanc

Vous pouvez remplacer les cerises par la même quantité de mirabelles dénoyautées. Remplacez les pistaches par des copeaux de chocolat blanc.

Tartelettes à la confiture de cerise

Remplacez la compotée de cerises par 1 pot de confiture de cerises. Vous pouvez aussi utiliser de la confiture de groseilles, de framboises ou de fraises.

Tartelettes au chocolat

Remplacez la garniture par 1 ganache : faites bouillir 30 cl de crème fleurette. Hors du feu, ajoutez 300 g de chocolat coupé en morceaux et 80 g de beurre ramolli. Mélangez et laissez refroidir. Battez 3 œufs avec 40 g de sucre et incorporez-le au chocolat. Versez sur la pâte cuite à blanc et enfournez pour 20 min à feu doux.

TARTELETTES AUX CERISES ET À LA PISTACHE

Préparation : 30 min • **Cuisson :** 50 min • **Pour 6 personnes**

95 g de beurre + supplément pour les moules • 150 g de sucre en poudre
170 g de farine + supplément pour les moules • 25 g de poudre d'amande
3 œufs + 3 jaunes • 500 g de cerises • 1 sachet de sucre vanillé
100 g de crème fraîche • 50 g de pistaches • sel

- Mélangez 75 g de beurre ramolli, 30 g de sucre, 1 pincée de sel, 150 g de farine, la poudre d'amande et 3 jaunes d'œufs. Pétrissez puis façonnez la pâte en boule. Recouvrez d'un film alimentaire et laissez reposer pendant 1 h au frais.

- Équeutez les cerises et dénoyautez-les après les avoir lavées. Faites-les compoter pendant 10 min avec le reste de beurre et le sucre vanillé. Laissez refroidir et égouttez bien.

- Préchauffez le four à 210 °C.

- Dans un saladier, fouettez ensemble 3 œufs et le reste de sucre. Ajoutez la crème fraîche.

- Broyez grossièrement les pistaches et ajoutez-les au mélange.

- Beurrez et farinez des moules à tartelettes ; étalez la pâte et garnissez-en les moules. Piquez la pâte avec une fourchette, couvrez-la de haricots secs. Faites cuire au four pendant 15 min.

- Laissez refroidir puis répartissez les cerises bien égouttées dans les moules et recouvrez avec la préparation aux pistaches.

- Baissez la température du four à 180 °C et faites cuire pendant 25 min. La crème doit prendre sans dorer.

Pâte brisée maison
Mélangez 200 g de farine, 170 g de beurre ramolli, 1 œuf, 1 pincée de sel et 10 g de sucre. Formez 1 boule et laissez reposer pendant 1 h avant d'utiliser la pâte.

Tatin de poires aux raisins et au rhum
Faites tremper 50 g de raisins secs dans 2 c. à s. de rhum et 2 c. à s. d'eau pendant 30 min. Faites flamber les poires au rhum avant de les mettre dans le moule, parsemées de raisins.

Tatin de pommes
Remplacez les poires par 5 pommes boskoop ou canada gris. Utilisez du beurre salé à la place du beurre doux. Servez avec 1 boule de glace à la vanille.

Tatin de coings
Remplacez les poires par 3 gros coings coupés en tranches épaisses et revenus dans du beurre et 2 c. à s. de miel pendant 10 min. Supprimez le pecorino. Parsemez les coings d'1 pincée de cannelle.

TATIN ÉPICÉE DE POIRES

Préparation : 15 min • **Cuisson :** 30 min • **Pour 1 tarte**

5 poires • 20 g de beurre • 1 c. à c. de quatre-épices
40 g de sucre roux • 60 g de pecorino

- Pelez les poires, coupez-les en 2 et enlevez le cœur et les pépins.
- Faites fondre le beurre dans une grande poêle et déposez-y les poires. Faites-les dorer à feu doux jusqu'à évaporation de l'eau rendue. En fin de cuisson, saupoudrez avec le quatre-épices.
- Dans un moule à manqué, faites caraméliser le sucre roux sur feu doux sans le laisser brûler.
- Retirez du feu et disposez les poires en étoile sur le caramel. Parsemez de fines lamelles de pecorino.
- Préchauffez le four à 180 °C.
- Étalez la pâte et recouvrez-en les poires en ayant soin de rentrer les bords de la pâte entre les poires et les côtés du moule.
- Faites cuire au four pendant 25 min.
- Laissez légèrement refroidir avant de démouler la tarte en la renversant sur un plat.
- Servez tiède ou froid.

Tiramisu à l'amaretto
Ajoutez 2 c. à s. d'amaretto au café avant d'y tremper les biscuits à la cuillère. Cette liqueur d'amandes italienne se marie très bien avec le goût du café.

Tiramisu aux biscuits
Remplacez les biscuits à la cuillère par des spéculoos. Vous pouvez aussi utiliser des sablés au beurre bretons ou des petits-beurre.

Tiramisu aux fruits rouges
Faites décongeler 800 g de fruits rouges surgelés. Passez les biscuits à la cuillère dans le jus rendu par les fruits. Alternez les couches de biscuits trempés dans le jus, de mascarpone et de fruits rouges. Nappez de coulis de fruits rouges.

Tiramisu aux pêches
Trempez les biscuits à la cuillère dans 20 cl de jus d'orange mélangé à 2 c. à s. de rhum. Coupez 4 pêches pelées en cubes. Alternez les couches de mascarpone, de biscuits trempés et de morceaux de pêches. Parsemez de pistaches.

TIRAMISU

Préparation : 15 min • **Cuisson :** aucune • **Pour 6 personnes**

5 œufs • 5 c. à s. de sucre en poudre • 500 g de mascarpone
30 cl de café très fort • 1 boîte de biscuits à la cuillère
1 c. à c. de cacao en poudre • sel

- Séparez les blancs des jaunes d'œufs.
- Dans un saladier, fouettez les jaunes d'œufs avec le sucre jusqu'à ce que le mélange blanchisse. Tout en continuant de fouetter, ajoutez petit à petit le mascarpone pour obtenir un mélange lisse et onctueux.
- Montez les blancs d'œufs en neige très ferme avec 1 pincée de sel. Incorporez-les délicatement à la crème.
- Préparez 30 cl de café très fort. Laissez-le refroidir et versez-le dans une assiette creuse.
- Trempez les biscuits un à un dans le café avant de les disposer côte à côte dans le fond d'un plat ou dans des petits moules individuels. Recouvrez la préparation d'une couche de crème et répétez l'opération.
- Lissez à la spatule et mettez au frais pour 3 h au minimum.
- Avant de servir, saupoudrez la surface de cacao amer.

Velouté de banane au rhum
Ajoutez 20 cl de rhum brun à la préparation.

Velouté de fruits d'hiver
Mixez 60 cl de lait avec 30 g de sucre en poudre, 1 boîte d'ananas au sirop, 2 bananes pelées, 2 kiwis pelés, le jus d'1/2 citron et 4 glaçons. Versez dans des verres et servez aussitôt.

Velouté de mangues
Mixez la chair de 4 mangues avec 20 cl de jus d'orange, 10 cl de vin blanc sec, 1 c. à s. de jus de citron, 1 pincée de cardamome, 2 c. à s. de sucre en poudre et 4 glaçons. Versez dans des verres, parsemez de menthe hachée et servez aussitôt.

Milk-shake à la vanille
Mixez 60 cl de lait, 4 boules de glace à la vanille, 1 sachet de sucre vanillé et 4 glaçons. Servez aussitôt dans des verres.

VELOUTÉ FROID À LA BANANE

Préparation : 5 min • **Cuisson :** aucune • **Pour 4 personnes**

2 bananes • 60 cl de lait • 2 c. à s. de sucre en poudre
½ c. à c. de sucre vanillé • 4 glaçons • cannelle

- Pelez les bananes et coupez-les en morceaux.
- Versez-les dans le bol d'un mixeur avec le lait, les sucres et les glaçons. Mixez.
- Versez le velouté dans les verres et saupoudrez de cannelle.
- Servez aussitôt.

TABLE DES MATIÈRES

APÉRITIFS

ENTRÉES

PLATS ET ACCOMPAGNEMENTS

DESSERTS

CRÉDITS PHOTOGRAPHIQUES
Toutes les photographies de cet ouvrage proviennent de l'agence Cooklook.

Dans la collection 1001 recettes
La cuisine familiale
La cuisine légère
La cuisine rapide
Apéritifs dînatoires
Les plats uniques
Les desserts
La cuisine facile

Conçu et réalisé par **Copyright**
pour les **Éditions Solar**

Rédaction et coordination éditoriale : Anne-Laure Estèves
Mise en pages : Bertrand Loquet
Création graphique : Jean-Louis Massardier
Photogravure : Frédéric Bar
Fabrication : Thomas Lemaître

ISBN : 978-2-263-04842-5
Code éditeur : S04842/02
Dépôt légal : avril 2009
Suite du premier tirage

Achevé d'imprimer en avril 2010
Imprimé en Chine